문학사랑 수필선
133

살맛나는 세상

조홍상 수필집

오늘의
문학사

살맛나는 세상 : 조홍상 수필집 / 지은이: 조홍상. -- 대전
: 오늘의문학사, 2018
p. ; cm. -- (문학사랑 수필선 ; 133)

대전광역시와 대전문화재단에서 사업비 일부를 지원하였음
ISBN 978-89-5669-888-5 03810 : ₩15000

한국 현대 수필[韓國現代隨筆]

814.7-KDC6
895.745-DDC23 CIP2018001299

살맛나는 세상

| 머리말 |

여생이 얼마 남지 않은 시점에서 지난 날 쓴 글 몇 편을 모아 아마도 처음이자 마지막이 될 듯한 수필집을 내게 됐습니다. 생각하기에 따라선 무척 대견스럽고 보람을 느낄 만한 일임에 틀림없습니다. 그렇기는 하지만 주위 사람들이나, 혹 있을 독자들이 어떻게 생각할지 부끄럽기도 하고 걱정스럽기도 합니다.

지난 세월을 돌아보면 평생 글을 써오며 지내왔다고 해도 과언이 아닙니다. 그래서인지 남들은 잘 쓰든 못 쓰든 나를 글쟁이라고 합니다.

그러나 여태껏 내가 쓴 글을 엮어서 책을 내야겠다고 생각해 본 적은 한 번도 없었습니다. 오랫동안 글을 써오면서도 책 낼 생각을 조금도 못한 것은, 우선 내가 쓴 글이 책으로 엮어낼 만큼의 수준이 못 된다는 생각에서였습니다. 글 쓰는 일이 직업이었기에 썼을 뿐, 내 글이 책으로 발간되어 독자들에게 널리 읽히며 영구 보존될 만한 가치가 있다고 생각되지 않았기 때문입니다.

이전이나 지금이나 글 쓰는 과정이 곤혹스럽고, 탈고를 하고 나서도 항상 불만스러웠습니다. 그래서였는지, 나는 내가 글재주가 있다거나 글을 잘 쓸 만큼의 자질과 역량을 지니고 있다는 생각을 전혀 할 수가 없었습니다.

그러나 나에게도 국면을 전환시킬 기회가 주어졌습니다. 『문학사랑』 리헌석 회장님의 권유에 따라 수필부문에 등단을 하고 책까지 내게 됐습니다. 회장님이 아니었으면 나의 수필집은 탄생할 수 없었을 것입니다. 이렇게 하여 내 글이 관련 잡지들에 발표되고 문학인들과 어울려 정담을 나누며 문학 활동을 할 수 있는 보람을 누리게 됐습니다.

그래서 기자나 논설위원으로 언론사에 종사할 때는 직업인으로서 글을 써왔지만 퇴사 후, 지금도 가끔 글을 써서 발표를 하고 있습니다. 언론사에 있을 때는 그때그때 불거지는 각종 사건 · 사고나 사회현상에 대한 보도나 논평을 하며 때로는 공감자들의 격려를 받기도 했습니다.

또 내 글이 올바른 사회, 따뜻한 사회를 진작하고 각종 사회 부조리를 줄이는데 조금이나마 도움이 됐으면 하는 기대감을 가져보기도 했습니다. 그리고 자신을 돌아보고 자책하며 부족한 점을 채우려는 마음을 다지기도 했습니다. 이번에 발행되는 수필집이 살맛나는 세상을 조성하는데 조금이나마 보탬이 됐으면 하는 바람입니다.

말년에 보람 있는 삶을 갖게 해주신 리헌석 회장님을 비롯해 이 책을 내는데 애써주신 분들에게 감사의 말씀을 드리고 싶습니다.

2018년 1월

조 홍 상

1부 세상을 보는 눈

2부 가슴에 품은 서정

3부 언론 현장에서

1부

세상을 보는 눈

〈목요저널〉

〈목요언론〉

바람직한 선거 문화의 정착

지난 4월 11일 실시된 제 19대 국회의원 선거에서 여당인 새누리당이 원내 의석 과반인 152석을 확보하는 성과를 거두면서 총선은 막을 내렸다.

이에 반해 애초에 과반의석을 어렵지 않게 차지할 수 있으리라고 기대했던 민주통합당과 통합진보당의 야권연대는 목표달성에 실패하고 민주당이 127석, 진보당이 13석을 얻는데 그친 패배를 안았다.

그러나 통합진보당은 원내 교섭단체 구성엔 실패했지만 역대 총선중 가장 좋은 성적을 올려 국회 내 제3당으로 부상 할 수 있었다.

특히 충청권을 기반으로 하는 자유선진당은 지난 18대 총선에서 18석을 얻었었으나 이번 선거에선 5석밖에 확보하지 못해 제3당의 자리도 지키지 못한 채 몰락의 위기를 맞았다.

이번 총선엔 선거 역사상 어느 때보다도 가장 많은 22개 정당이 참여했으나 이 밖의 18개 군소정당은 단 한 석도 차지한지 못하고 득표율 미달 등으로 정당법에 따라 등록이 취소되는 처지가 되고 말았다.

무소속후보들도 지난 국회보다 크게 적은 3석을 차지하는데 그쳤다.

이 같은 선거결과에 따라 자유선진당의 심대평 대표와 민주통합당의 한명숙 대표가 부진한 성적에 책임을 지고 대표직에서 물러났다.

대통령선거를 몇 개월 앞둔 시점에서 대선 전초전처럼 될 수밖에 없었던 이번 총선은 선거기간 내내 대선 구도를 의식한 가운데 치러졌기 때문에 초반부터 치열한 경쟁 속에 더욱 과열된 양상을 보였다.

우선 후보 공천과정에서부터 여야는 유권자들의 공감을 얻기 위해 '물갈이 공천'을 표방하며 이전과 다른 노력을 기울였다.

그러나 여야 모두 개혁공천을 이룩하겠다는 굳은 결의를 보이긴 했지만 치열한 경쟁 속에 특정계파를 배제했다거나 특정 후보선정에 정실이 개입했다는 등 당내 외에 갈등과 잡음이 끊이지 않았다.

특히 여야는 총선을 앞두고 포퓰리즘 복지공약을 경쟁적으로 쏟아냈다.

관련기관의 산출에 의하면 제시한 공약을 이행하기 위해선 민주통합당이 164조여 원, 새누리당이 75조여 원 규모의 재원이 필요할 것이라고 한다.

야권연대의 무상보육, 급식, 의료등 실현가능성이 희박한 공약은 물론 근로시간 단축, 비정규직문제, 정년연장, 법인세·소득세 인상, 고소득자 증세, 재벌규제 등 첨예한 쟁점이 될 수 있는 공약도 적지 않다.

새누리당도 이보다 적은 규모이긴 하지만 덩달아 실현에 무리가 따르는 공약들을 내놨다.

당 차원에서 내놓은 공약만 이럴 뿐 후보들이 내놓은 지역구 사업 등의 공약을 감안하면 수백조원의 재원이 필요할 것으로 보인다.

이 같은 재원조달방안이 수반되지 않은 공약들이 제대로 이행되리라고 믿는 국민은 별로 없을 것이다.

그래서인가 그나마 선거전이 본격화하자 선거 때마다 강조되는 정책대결은 실종되고 상대당의 약점이나 비리를 들춰내 공격하는 난타전만이 판을 쳤다.

새누리당은 '위험한 야당 견제론'을 내세우며 야권연대의 한미자유무역협정(FTA)폐기, 제주 해군기지건설 반대 및 해적발언, 후보 경선과정에서의 조작, 나꼼수 진행자 김용민 후보의 여성, 노인, 기독교 비하, 비난발언 등을 들어 총력 비난전을 펼쳤다.

한편 야권연대는 '정권 심판론'을 들고 나와 총리실 공직윤리지원관실의 불법 민간인 사찰, 대통령 측근 비리, 전당대회 돈봉투사건, 중앙선관위 디도스 공격 등을 맹렬히 비난하며 공격전을 폈다.

이번 총선에선 정책대결, 인물대결은 뒷전으로 밀리고 여야 간 네거티브 공방만 치열했다고 할만하다.

또한 이번 총선에서도 지역주의나 표 쏠림 현상의 구태를 벗어나지 못했다.

이전과 다름없이 새누리당은 영남권에서 민주통합당은 호남권에서 의석을 싹쓸이 하다시피 했다.

그리고 지역주의 현상으로만 볼 수는 없지만 여당은 강원도와 충청권에서 약진을 했고 야당은 서울, 경기 등 수도권에서 강세를 보였다.

결국 이번 총선에서도 지역주의의 벽이 높음을 실감할 수밖에 없었다.

그러나 광주에서 출마한 새누리당의 이정현 후보와 대구에서 출마한 민주통합당의 김부겸 후보가 모두 국회진출에는 실패했다 하더라도 상당한 지지율을 올려 향후 지역주의 타파의 변화가능성을 보여줬다는 점에서 큰 의미가 있다고 볼 수 있다.

한편 이번 총선에서도 역시 음식물제공, 금품수수 등 선거법위반 사례가 적지 않았다.

당선자 70여 명을 입건했다니 지난 18대의 30여 명의 거의 배에 가깝다. 앞으로 낙선자들의 고소, 고발도 더 있을 전망이어서 더 늘어날 것으로 보인다.

이미 총선 다음날 일부 당선자 사무실 등에 검찰의 압수 수색이 실시됐다니 그 귀추가 주목된다.

대선을 앞두고 여야가 치열한 대결을 벌인 이번 총선에서는 어느 때보다 비합리적인 공약의 남발, 정책대결보다는 상대방 비방, 여전한 지역주의 현상, 선거법 위반 사례 증가 등 부정적 측면이 많았음을 부인할 수 없다.

그럼에도 온통 대선향배에만 집착, 선거 후에도 여러 언론매체들이나 전문가들은 선거결과에 따른 대선구도와 관련된 분석에만 초점을 맞췄다.

그러나 결과에만 집착할게 아니라 과정도 못지않게 중요하다는 인식이 필요하다.

앞으로도 몇 개월 후에는 대선, 다음 4년 후에는 다시 총선 등 각종 선거는 계속될 것이다.

좀 더 깨끗하고 공정한 격조 높은 선거문화를 정착시키지 못하면 민주주의의 발전을 기대할 수 없을 뿐 아니라 후진국 정치를 벗어나기도 어려울 것이다.

국민 모두가 새로운 인식을 가지고 총선이건 대선이건 바람직한 선거풍토정착에 힘써야 할 것이다.

목요저널 2012년 4월 17일

'주법강사'가 전하는 '술 잘 먹는 방법'

언제부터인가 나에겐 술자리에서 '주법강사' 또는 '주도강사'라는 별명이 타칭, 자칭으로 붙어 다녔다.

주도나 주법을 강의해 본 적도 없고 공부를 하거나 연구해 본 일도 없는데 어떻게 그런 이름이 붙여졌는지 나도 정확하게는 모른다. 아마 술자리에서 동석자에게 극히 상식적이긴 하지만 '술은 이렇게 마셔야 한다'는 잔소리를 가끔 한 때문에 그런 별칭이 붙여진 게 아닌가 하는 짐작을 해 볼 뿐이다.

아무튼 내 주위에 있는 적지 않은 술친구들이 진담 반, 농담 반으로 그렇게 부르고 후배들 중 더러는 정색을 하고 "술을 어떻게 마셔야 하느냐"고 물어 오기도 하자 지금은 내 자신도 그러려니 하고 받아들이게 됐다. 그러면서 "술을 어떻게 마셔야 할까?", "술을 마신 후 어떻게 삭여야 할까?"를 생각해보는 때가 많아졌다.

내가 술과의 인연을 맺게 된 것은 꽤 오래전 어렸을 때였던 것 같다. 아마도 '초등학교 저학년 때부터가 아닌가' 기억된다.

술과의 인연은 초등학교 저학년 때부터

그 당시 우리 집안은 넉넉하지는 못했어도 양식을 걱정할 형편은 아니었던 것 같다. 할아버님이 계시는 고향집이나 아버님이 계시는 서울 집엔 항상 술이 떨어지질 않았다. 할아버님과 아버님이 아침 · 저녁이면 꼭 반주를 드셨기 때문이다.

그래서 겨울이면 따뜻한 아랫목은 항상 이불로 싼 술항아리가 차지하고 있었다. 초등학교 다닐 때 학교에서 귀가하면 어머님이 자주 술지게미에 황설탕이나 당원을 타서 끓여주시곤 했다.

말이 지게미지 술항아리에 용수를 박고 약주를 떠낸 다음 막걸리를 거르기 전이어서 주도가 상당히 높았다. 지게미 한 그릇을 먹고 나면 얼굴이 벌겋게 달아올라 쩔쩔맬 때가 적지 않았던 것으로 기억된다. 이렇게 어렸을 때부터 술과 익숙해지지 않았나 생각된다.

이후 6·25전란을 겪으면서 부산으로 가신 아버님과 떨어져 살면서 술과 지게미와의 만남이 뜸해졌다. 하지만 방학 때 고향엘 가면 집성촌으로 친척들이 모여 사는 이집 저집으로 인사를 다니다 보면 꼭 술상이 나와 한 두잔씩 마실 수밖에 없었다. 내 고향은 그때까지 조혼의 풍습이 남아 있을 정도로 깊은 산골 마을이어서 고등학생이면 머리를 박박 깎았어도 어른 대접을 해주었기 때문이다.

"남자는 술, 담배를 해야 한다"

대학에 입학하고 머리를 기르자 아침에 일어나면 어머님이 "남자는 술, 담배를 해야 한다"시면서 아버님께 하시던 그대로 조그만 쟁반에 술 한 대접과 간단한 안주 한 접시, 그리고 담배 한 갑을 얹어 갖다 주시곤 했다. 이때부터 나의 음주력은 본격적으로 시작됐다고 할만하다.

대학에 다닐 때나 군에 있을 때는 친지들과 어울려 기회가 되면 사양 않고 술을 마셨다. 이때는 주량도 모르고 풋술이라 과음하기 일쑤여서 자주 혼이 나기도 했다. 직장생활을 하면서도 동료나 선후배들과 어울려 또는 업무와 관련해서 잦은 술자리를 가져왔다.

지금도 비교적 자주 술을 마시는 편이지만 나이가 들수록 주량은 많이 줄어들었다. 지금까지 음주에 큰 부담 없이 꾸준히 술을 마셔온 것은 타고난 체질 탓도 있겠지만 가능한 한 무리하지 않은 덕으로 생각된다.

술은 좋을 때도 마시고 나쁠 때도 마신다. 즐거울 때도 마시고 괴로울 때도 마신다. 애경사 때는 슬픔을 위로하고 기쁨을 축복해 준다. 가까운 사람들끼리 만나 담소를 하며 정을 나누기도 한다. 그러나 술을 어떻게 마시고 어떻게 삭이느냐에 따라 약이 되기도 하고 독이 되기도 한다.

약이 되기도 하고 독이 되기도 한다

일반적으로 술은 건강에 해로운 것으로 인식되고 있다. 술은 간, 심장, 구강, 위, 췌장 등에 각종 질환을 유발하는 요인이 돼 음주자의 발병률이 비음주자에 비해 굉장히 높다고 한다.

또한 알코올 중독은 뇌세포를 손상시켜 알코올성 치매의 원인이 되는 것으로 알려져 있다. 뿐만 아니라 음주로 인한 질병치료비, 생산성 감소 및 사망, 사고 등에 의한 금전적 피해액이 한 해 수 10조 원에 이르는 것으로 추산되고 있다.

또한 술에 취하면 감정을 억제하는 신경이 제대로 작동하지 못하기 때문에 대담해지고 흉포해지기 쉽다고 한다. 통계에 의하면 이 때문에 저질러지는 살인, 강도, 강간, 방화 등 4대 강력범죄가 매년 증가하는 것으로 나타났다.

그러나 술이 마냥 해롭기만 한 것은 아니다. 적당한 량의 음주는 기분전환과 함께 소화를 촉진하고 신진대사를 개선시킬 뿐 아니라 심장병, 뇌졸중, 유방암 등에 걸릴 위험성을 낮춰줘 건강에 도움이 된다고 한다. 또한 스트레스를 해소시켜줘 장수에도 도움이 된다고 한다.

과도한 음주가 알코올성 치매의 원인이 될 수도 있지만 최근 네덜란드의 한 대학교수 연구결과에 의하면 매일 한 두 잔의 술을 마시는 사람은 전혀 마시지 않는 사람에 비해 치매에 걸릴 확률이 현저히 낮아진다고 한다.

한 두 잔의 술 마시는 사람이 치매 걸릴 확률 낮아

술이 해로운지 이로운지 공과를 따지기 전에 무엇보다 중요한 것은 대부분의 사람들이 양의 많고 적음의 차이는 있겠지만 술을 마시고 있다는 사실이다. 비록 음주가 해로운 점이 많다고 해도 담배처럼 강력한 금주운동을 벌일 수는 없는 일이다.

대대적인 금연운동을 벌이면서 요즘엔 음주를 권장하는 것은 아니겠지만 TV의 연속극에서도 담배 피는 장면이 사라진 대신 음주 장면이 자주 등장하고 있다. 그렇다면 '술을 얼마나 어떻게 마셔야 할까?'가 문제다.

두말할 필요 없이 가장 중요한 것은 술을 적당히 마시면 여러모로 이로울 수 있지만 지나치게 마시면 해로울 수밖에 없는 게 사실이다. 술을 마시다 보면 자제력을 잃고 과음하기가 쉽다.

어렵긴 해도 자신의 주량에 맞춰 절제하는 강력한 의지로 적당량의 음주를 습관화해야 한다. 또 같은 량의 술을 마셔도 덜 취하려면 충분한 안주와 함께 천천히 나눠서 마셔야 한다.

다른 종류의 술과 섞어 마지지 않아야

빈속에 술만 들어가면 우리 몸의 알코올 흡수 속도가 빨라져 혈중 알코올 농도가 급속히 상승하게 된다고 한다. 또한 술을 천천히 마실수록 뇌세포로 가는 알코올 량이 적어지고 간에서 알코올을 분해 할 수 있는 시간을 갖게 돼 해독을 줄일 수 있다고 한다. '원샷'이나 '건배'를 외치며 한 잔을 단숨에 비우는 경우가 많은데 이런 음주 행태는 바람직하지 않을 것이다.

술은 다른 종류의 술과 섞어 마시지 않는 게 좋다고 한다. 술을 혼합해서 마셔도 더 취하지는 않는 것으로 알려져 있기는 하다. 하지만 흔히 마시는 폭탄주의 경우 알코올 도수가 높은 양주와 맥주를 섞으면 주도가 인체에 흡수되기 가장 적합한 20~25도 정도가 돼 빨리 취한다고 한다.

더구나 독주와 맥주를 섞으면 맛이 부드러워져서 많이 마시게 될 것이다. 흔히 폭탄주는 단숨에 마시길 강요당하기 일쑤여서 짧은 시간에 많은 량을 마시게 되기 쉽다.

술은 권하는 맛에 먹는다고 한다. 요즘엔 이전과 달리 술을 강권하는 경우가 줄었다고는 하지만 아직도 그런 풍조가 완전히 사라지지 않고 있다. 술을 강권하다 보면 자신도 강요받게 돼 더 마시게 되는 것은 당연하다.

이와 함께 요즘엔 술잔 돌리기도 많이 줄어들어 바람직한 현상으로 생각된다. 항상 평소 주량에 맞춰 적당히 마시고 남에게도 과도한 강요는 삼가는 게 좋다. 그래야만 건강에도 좋고 술자리도 즐거울 수 있다.

과음 후 해장술은 절대 금물

과음 후 해장술은 안 마시는 게 좋다고 한다. 지난 밤 과음으로 간과 위장이 지쳐 있는데 다시 알코올이 들어가면 숙취가 해소 될 리 없다. 알코올이 뇌의 중추신경을 마비시켜 두통이나 속쓰림이 가시는 듯 숙취의 고통을 덜 느끼게 될지 모르지만 알코올 중독으로 가는 지름길이 될 수 있다고 한다. 과음 후엔 칡차, 인삼차, 꿀물, 과일, 채소 등을 많이 먹는 게 좋다고 한다.

가장 중요한 것은 술좌석에서도 반드시 예의를 지켜야 한다는 것이다. 술을 마시면 긴장이 풀리고 정신이 해이해져 자제력을 잃고 말과 행동이 흐트러지기 쉽다. 그렇게 되면 자신도 모르게 동석자들에게 불쾌감을 주거나 술자리를 망치게 하기 일쑤다.

흔히 술은 어른 앞에서 배우라고 한다. 어른이나 상사, 선배와 함께라면 말 할 것도 없지만 동료나 후배와 함께한 자리라도 긴장을 풀지 말고 정신을 차려 예의를 지키려 노력하는 습관을 길러야 한다.

술자리에서 항상 언행을 조심하고 예의를 지키며 반듯한 자세를 지키려 노력하면 과음을 피할 수 있고 건강도 지킬 수 있을 뿐 아니라 실수도 하지 않게 된다. 건전한 음주습관, 예의바른 음주문화를 정착시키면 술로 인한 해악을 줄일 수 있고 밝은 사회를 이룰 수도 있을 것이다.

목요저널 2014년 3월 28일

그토록 쾌활했던 그가 스스로 가다니…

나에겐 오랫동안 매달 모임을 같이하면서 가깝게 지내오던 후배가 있었다. 그는 비교적 부유한 집안에서 태어나 어릴 적부터 별 어려움을 모르고 살아온 것으로 알려졌다. 그의 성격은 쾌활한 편이고 언제나 웃으면서 활발하게 움직이는 모습을 보여줬다.

그러던 그가 어느 날 갑자기 평소와 달리 전혀 다른 모습을 보였다. 모임에 나온 그는 모든 것이 귀찮다는 듯 의욕을 잃은 채 상실감, 좌절감에 빠진 듯 어떤 질문을 해도 마지못해 시큰둥한 반응만 보였다. 그 후 며칠 안 돼 그가 스스로 목숨을 끊었다는 소식을 들었다. 그렇게 쾌활하던 사람이 자살을 했다니 도저히 믿어지지 않았다.

아직도 자세한 내용은 모르지만 친지에게 투자를 권유해서 벌인 아들의 사업이 실패해서 어려움을 맞게 됐다고 한다. 며칠 전 모임에서 침울한 모습을 보이긴 했지만 그의 처지가 자살을 해야 할 만큼 절박한 상황인 줄은 전혀 생각지 못했다. 아마도 일생을 비교적 평탄하게 그리고 낙천적으로 살아온 그에겐 너무 큰 충격이어서 다른 사람 같으면 쉽게 이겨낼 수도 있었을 상황을 끝내 벗어나지 못한 것 같다.

여하튼 그는 목숨을 버리고 다시 볼 수 없는 곳으로 내 곁을 떠났다. 나는 그가 평소와 다른 태도를 보였을 때 좀 더 깊은 관심을 갖고 자세한 내용을 알아본 후 함께 걱정하며 위로하고 격려를 했더라면 그의 죽음을 막을 수도 있었을 것이란 생각에서 무척 후회스러웠다. 그리고 마음이 몹시 아팠다.

요즈음 하루가 멀다 하고 자살 사건이 각종 매체를 통해 보도되고 있다. 우리나라의 자살률이 지난 여러 해 동안 연속해서 OECD 회원국 중 1위를 차지하고 있다. 왜 이럴까? 참으로 안타까운 현실이다. 인구 10만 명 당 30명 안팎이 매년 자살을 하고 있으며, OECD 국가 평균 13명의 2배가 넘는다. 2012년 통계에 의하면 한 해 1만4천160명이 자살을 한 것으로 나타나 하루 39명꼴이다. 교통사고로 인한 사망자의 거의 3배나 된다.

또 보건복지부 조사에 따르면 국민의 15%가 자살을 생각한 적이 있으며, 이중 상당수가 실제로 자살을 시도하고 있는 것으로 나타났다. 한번 자살을 시도했던 사람의 사살위험성은 그렇지 않은 사람보다 훨씬 높다고 한다. 자살을 시도했던 사람 중 남자는 7개월 안에 여자는 13개월 안에 절반이 실제로 자살을 한 것으로 나타났다.

유명인이나 연예인의 자살이 잇단 자살을 불러온다는 베르테르 효과도 입증되고 있다. 몇 년 전 유명배우의 자살소식이 TV에 보도되자 다음날 하루 30명 정도이던 자살자가 78명으로 늘어났으며, 5일째는 90명 가까이 돼 유명인 자살 언론보도가 큰 영향을 주는 것으로 밝혀졌다. 이처럼 자살률은 해를 거듭할수록 여러 형태로 계속 급격하게 늘어나 지난 20년 사이 3배 이상 증가했다. 이런 추세라면 우리나라 자살률이 머지않아 세계에서 제일 높아질 것이라고 전망하는 전문가도 있다.

얼마 전 서울 송파에서 반 지하 셋집에 살면서 생활고에 시달리다 세 모녀가 동반자살을 한 사건은 우리에게 큰 충격을 안겨줬다.

이 외에도 최근에만 동두천에선 생활고로 30대 엄마가 4살 아들과, 광주에선 40대 가장이 중증 장애를 가진 13살 딸과 4살 아들을 데리고, 울산에선 지체장애 어머니와 무직아들이 동반자살을 했다. 우리 사회엔 지금 생활고와 장애, 질병 등을 비관한 동반자살이 유행병처럼 번지고 있다는 생각이 든다.

자살의 원인은 여러 가지가 있을 수 있다. 우리나라도 고령인구가 늘면서 자녀와 관계가 단절된 채 외롭게 말년을 보내는 독거노인들, 은퇴 후 역할을 잃고 무력감, 좌절감에 빠져 사회에서 소외된 노인들, 궁핍한 생활을 벗어나지 못하는 학부모 가족들, 질병이나 장애 등으로 어렵게 생계를 꾸려가는 가족 등 복지 소외계층이나 취약계층이 적지 않다.

최근에 보건복지부에서 시행한 자살실태조사에 따르면 자살시도 원인으로 정신과적 증상이 37.1%로 제일 많고, 대인관계 스트레스 31.2%, 경제적 문제 10.1%, 고독 7.1%, 신체질병 5.7%, 기타 8.1% 등으로 나타났다.

그러나 자살시도의 원인을 이렇게 단순히 분류하기에는 무리가 따르지 않을 수 없다. 우울증 등 정신적인 증상이나 질병, 장애 등 신체적 문제가 경제적 문제로 연결될 수 있고, 경제적 문제가 정신적 문제를 초래할 수 있는 등 여러 원인이 복합적으로 상호 작용하면서 자살시도의 원인을 키울 수 있을 것이다.

자살을 생각하거나 시도하는 사람의 대부분은 최초의 원인이 어디에 있든지 우울증에 빠져있는 경우가 많다고 한다. 우울증환자는 좌절감, 상실감에 잠겨 정상적인 사고나 판단을 하기 어렵게 돼 자살로 연결되기가 쉽다고 한다. 그러나 우리 사회는 우울증이 치료가 필요한 질병임에도 아직 관심과 이해가 부족해 적극적인 대처를 못하고 있다는 생각이다. 세계보건기구(WHO)는 현재 자살에 가장 부담이 되는 질병 가운에 우울증을 3위로 꼽고 있으나 몇 년 후엔 1위를 차지할 것으로 내다보고 있다.

우리나라의 자살률이 다른 나라에 비해 월등히 높고 증가율도 어느 나라보다 가파르다보니 이대로 방관만 할 수는 없다. 자살률을 획기적으로 낮출 수 있는 적극적인 방안과 노력이 절실한 상황이다.

우선은 경제적 취약계층에 재정적 도움을 주는 복지정책이 긴요하다. 그러나 지금처럼 신청에 의해 대상자를 선정하는 소극적 방법으로는 복지 소외계층이 있을 수밖에 없다. 최근 송파의 세 모녀 동반자살 사건만 봐도 쉽게 알 수 있다.

복지제도를 몰라서 이용 못하는 경우도 있을 것이며, 자기의 궁핍한 처지를 드러내고 싶지 않아 신고를 주저하는 경우도 있을 것이다. 여기에 이웃과의 왕래도 없고 주위의 관심마저 없다면 복지 소외계층이 될 수밖에 없다. 복지사각지대를 없애려면 찾아가는 적극적 복지정책, 맞춤형 개별복지정책이 바람직한 것은 물론이다. 이와 함께 이웃 간에 서로 소통하고 서로 돕는 연결체제가 이루어져야 한다.

최근 일부 지역에서 가족이나 이웃과 전혀 왕래가 없는 독거노인이나 은둔형 노인, 또는 우울증을 앓고 있는 자살위험성이 높은 사람들과 자원봉사자들이 결연한 후 수시로 만나고 통화하며 안부를 확인토록 제도화한 것은 바람직한 일이다. 또한 농식품부가 농촌 마을회관 등에 공동식사, 목욕시설을 한 후 독거노인들이 외롭지 않게 함께 모여 살도록 한 것은 난방 및 생활비를 절약하는 한편 노인자살을 예방할 수 있는 방안의 하나일 수 있다.

자살을 생각하고 계획하는 사람은 평소와 달리 주위사람들에게 자살을 암시하는 언행을 한다는 것이다. "살고 싶지 않다"거나 "마음이 괴롭고 몸이 불편하다"는 등 삶이 고통스럽다는 태도를 보인다고 한다. 또 신변을 정리하거나 갑자기 아끼던 물건을 남에게 주는 등 평소에 안 하던 행동을 한다는 것이다. 이렇게 자살 위험성이 보일 경우엔 상대방을 혼자 있게 해서는 안 되며 계속 접촉하면서 함께 걱정해주고 격려해줘야 한다.

이와 함께 무엇보다 절실하게 요청되는 것은 부족한 복지전담공무원의 확충이다. 우리나라의 사회복지 전담공무원은 인구 1천 명당 4명으로 OECD회원국 평균 12명에 크게 미치지 못하고 있다. 이 때문에 지난해에는 과중한 업무에 시달리던 복지담당공무원 3명이 목숨을 잃기도 했다.

자살은 극히 개인적인 문제로 볼 수 있지만 동시에 사회적 문제이며 국가적 문제다. 물질적 복지의 확충도 중요하지만 범국민적 인간성회복 운동으로 타인에 관심을 갖고 남을 배려하는 사회적 분위기를 조성해야 한다. 이웃과 정을 나누며 더불어 사는 관행을 정착시켜야 한다. 그래야만 자살률을 크게 줄일 수 있을 것이다.

목요저널 2014년 5월 24일

2호선 언제나 타 볼 수 있을까?

요즘 대부분의 대전시민은 대전의 도시철도 2호선을 언제쯤 타 볼 수 있으려나 하고 기대 반, 우려 반의 마음으로 혼란스러워하고 있다. 대전시는 지난 4월 도시철도 2호선을 총사업비 1조 3,617억 원(국비 60%, 시비 40%)을 들여 고가 자기부상열차방식으로 건설한다고 최종 확정했다.

2002년 초부터 추진해온 2호선 건설은 이후 4년10개월에 걸친 작업 끝에 정부의 예비타당성조사를 신청했으나 아쉽게 탈락했다. 그 후 다시 6~7년간의 교통전문가의 자문과 여론조사, 주민설명회 등 논의를 거쳐 재신청한 결과 드디어 예비타당성조사를 통과하게 됐고 국비 8천억 원을 확보하게 됐다. 하지만 이후에도 노면방식을 주장하는 의견이 대두되면서 약 15개월 동안의 공론화과정을 거치는 바람에 민선 5기 마감직전에야 최종으로 확정하게 된 것이다.

그러나 지난 민선 6기 지방선거에서 권선택시장이 당선되면서 2호선건설은 다시 재검토가 불가피하게 됐다. 권 시장이 트램(노면전차)방식과 함께 대덕구와 테크노벨리, 관저지구 등 교통소외지역을 연결하는 노선변경 내용의 '하나로'를 공약으로 내걸고 당선됐기 때문이다. 민선 6기 대전시장인수위원회인 시민경청위원회는 공약을 검토하는 과정에서 도시철도 2호선은 권 시장의 공약대로 트램 방식을 전제로 논의하되 건설방식과 기종, 노선 등 포괄적인 사업계획에 대한 시민여론을 수렴하겠다는 것이다.

권 시장도 최근 전문가집단이나 시민 등이 참여하는 제3의 기구를 구성, 철저한 검증과 충분한 의견 수렴 뒤 이르면 오는 10월까지 늦어도 12월까지는 최종결정을 하겠다고 했다. 트램 방식을 공약하고 당선됐지만 여러 방식을 놓고 포괄적 검토를 통해 결정하겠다는 의향을 밝힌 것이다.

도시철도를 어떤 방식으로 건설하느냐하는 문제는 그 도시의 백년대계를 위해 너무나 중차대한 사안으로 충분한 논의와 조율이 필요한 것은 사실이다. 어떤 방식을 채택하던 각각 장단점을 지니고 있어 모든 시민의 뜻이 일치되는 완벽한 방식을 도출하기는 어렵다. 고가방식의 가장 큰 장점은 친환경적이고 기존의 교통흐름에 영향을 주지 않는다는 데 있다. 전용선이기 때문에 시내도로의 혼잡을 일으키지 않고 타 교통을 방해하지 않는다. 무엇보다 정시성과 신속성, 수송능력과 안전성이 높다. 시속 30~40Km 수준의 비교적 빠른 속도를 유지할 수 있고 일반차로와 분리 돼 사람이나 차량이 진입할 수 없어 충돌사고나 탈선 사고외의 사고 가능성이 적다.

그러나 노선주변 거주민의 사생활이 침해될 우려와 선로주변의 경관이 훼손되는 단점이 있다. 또한 건설비가 Km당 476억 원으로 노면방식보다 비싸다. 사생활 침해 문제는 우려구간에 창문흐름장치로 불투명하게 하고 초기 건설비가 비싸지만 무인운전이나 소모품비 등 운영비가 타 방식에 비해 적게 들 것이라고 한다.

노면방식의 경우는 우선 승하차가 편리해 장애인 등 교통약자에게 유리하고 경관을 훼손 할 염려가 없다는 게 장점이다. 또한 건설비가 Km당 283~430억 원으로 타방식보다 훨씬 적게 든다. 그러나 차선을 일반 차와 혼용 해 기존 차선을 잠식함으로써 교통체증이나 교통사고를 유발 할 가능성이 크다. 더구나 지상교통흐름에 영향을 받아 시속 18~26Km로 느려 정시성이나 신속성이 낮다는 게 단점이다. 또한 초기 건설비가 낮다지만 인건비, 소모품비는 물론 차량정비, 도로보수비 등 운영비가 고가방식보다 높을 것이라고 한다.

새로운 도시철도의 건설은 교통수요를 충족시켜야 하며 경제성이나 환경성이 중요한 요소로 어느 방식이든 장단점이 있어 선뜻 채택하기가 어려운 게 사실이다. 그렇다고 언제까지나 논의만 거듭할 수는 없는 일이다. 여하튼 이제 도시철도 2호선은 다시 도마 위에 올라 건설방식, 노선, 차선 등에 대한 재검토가 불가피하게 됐다.

재검토 결과 지난 4월에 확정된 고가·자기부상열차방식으로 추진된다 해도 2019년 개통을 목표로 오는 8월 발주 예정이었던 이 계획은 상당기간 늦어질 수밖에 없다. 2호선 건설이 1년만 늦어져도 890억 원의 사업비가 증가하는 것으로 추산되고 있으며 지난 예비타당성조사 통과 후 1년 5개월 동안 차종에 대한 여론수렴과정을 거치면서도 들어간 사회적 비용이 850억 원이나 된다고 한다. 더구나 이미 확정된 계획이 전면 수정 될 경우엔 원점에서 새로 시작하는 경우가 돼 이에 따른 경제 · 사회적 비용증가와 혼란은 더욱 클 것으로 예상 된다.

오는 12월까지 결정을 한다 해도 건설방식, 노선, 차종 등을 재선정하기 위한 용역 및 예비타당성조사 등 행정 절차에만 4년여의 기간이 소요된다. 이렇게 되면 민선 6기에도 완경을 못하고 7기로 넘어 갈 공산마저 크다. 또한 이미 확보한 8천억 원의 국비도 지원받지 못하게 됨은 물론이다.

대전시는 트램 방식으로 변경해도 예비타당성조사를 면제받을 수 있도록 정부 관계기관과 협조를 모색하다지만 실현가능성을 기대하기 어렵다. 국가 재정법에 따르면 도시철도건설에서 수요예측이 30%이상 변화가 오거나 노선이 10%이상 증가 할 경우엔 재조사를 받도록 돼 있다고 한다. 노선변경 없이 트램 방식만 바꾸면 몰라도 새로운 노선을 설정한다면 수요와 예산 등 경제성을 새로 결정해야하기 때문에 재조사를 피할 수 없게 된다.

뿐만 아니라 기존 계획을 대폭 수정하면 도시기본계획이나 도시철도 기본계획을 바꿔야 한다. 또 도시철도 12호선과 연계 3호선 역할을 할 BRT 충청권 광역철도망구축사업에도 영향을 미쳐 결국 용역을 통해 검증 할 수밖에 없으므로 이 또한 적어도 6개월 이상 소요될 것이다.

대전시의 백년대계를 위한 도시철도 2호선의 가장 이상적이고 바람직한 건설방식은 1호선과 같은 지하철임에 틀림없다. 그러나 지하철은 정부의 예비타당성조사를 통과할 수 없어 국비를 지원받지 못하기 때문에 포기할 수밖에 없다. 저심도 방식 역시 하부 구조물 때문에 어려움이 있어 결국 고가나 노면의 지상건설방식을 택할 수밖에 없는 상황이다.

대전도시철도 2호선이 언제 어떤 방식으로 건설되느냐에 대한 대전시민의 기대와 관심이 집중돼 있다. 새로운 도시철도의 건설은 그 도시의 발전과 시민생활에 새로운 전기를 마련해주는 중차대한 사업이다, 요즘 대전시민은 수년 동안 논의와 검토만 거듭되고 있는 상황을 바라보며 언제 도시철도 2호선을 타볼 수 있으려나 하고 답답해하고 있다. 대전시는 재검토가 불가피하게 됐다하더라도 현명하고 조속한 판단으로 2호선이 빨리 건설될 수 있도록 결정해 시민의 기대에 부응해야 할 것이다.

목요저널 2014년 7월 11일

기초 질서부터 지켜야

지난 4월에 일어난 세월호 침몰 참사는 우리 사회 의 기반을 흔들어 놓을 정도로 우리에게 큰 충격을 안겨줬다. 이 사건을 계기로 우리는 나라의 질서와 체계가 온통 엉망이라는 참담한 심정을 누르기 어려웠다. 그래서 국기를 바로잡아야 한다는 결연한 의지로 범국민적 안전의식 강화와 준법정신의 확립을 위해 피나는 노력을 기울여 왔다.

그러나 세월호 참사가 터진지 반년을 넘긴 오늘 까지도 아직 국민의식에 뚜렷한 변화를 느끼지 못 한 채 대형 참사가 끊이지 않고 계속 터지고 있다. 참으로 안타까운 상황이 아닐 수 없다.

세월호 참사 사고를 전후해 금년에 일어난 대형 안전사고만 대강 살펴봐도 우리가 얼마나 고질적 안전 불감증에 빠져있는지를 쉽게 짐작할 수 있다.

세월호 참사 두 달 쯤 전이긴 하지만 2월엔 경주 마우나오션 리조트체육관 붕괴사고로 내학생 등 10명이 사망했고 백여 명이 나치기도 했다.

세월호 참사 바로 한 달 쯤 후인 5월에는 경기도 고 양 버스터미널 화재사고로 터미널 이용객 8명이 숨지고 60여 명이 다쳤다. 또 전남 장성 효사랑요양병원에서 일어난 화재사고에선 입원환자 등 21명이 사망하기도 했다.

뿐만 아니라 지난 10월에는 성남 판교 테그노벨리에선 환풍구 붕괴사고로 직장인 등이 16명이나 사망하고 10여 명이 중상을 입었다.

세월호참사의 충격에도 불구하고 이렇게 대형 안전사고가 꼬리를 물고 계속 발생했다는 데에 경악스러움을 떨칠 수 없는 상황이다. 더구나 이 모 든 사고가 관련자들이 원칙과 질서를 무시하고 제반 법규를 제대로 지키지 않은 데서 비롯된 인재라 는 점에서 문제의 심각성을 더해주고 있다.

3백여 명의 사망 · 실종자를 낸 세월호 참사 사고 는 선박 도입부터 증개축 인가, 선박검사, 운항관리, 안전점검, 인명 구조 등 한 가지도 제대로 이루어진 게 없었다. 전 과정에 걸쳐 무리와 미숙, 부실과 무능, 비리와 부정 등 총체적으로 부조리와 비정상 투성이였다. 어떻게 그럴 수 있었는지 도저히 이해 할 수 없는 일이었다.

선박의 무리한 증개축이 없었더라면, 규정의 배 나 되는 화물을 싣지 않았더라면, 무거운 화물을 확실히 고정시켰더라면, 선체복원에 필요한 평형 수를 줄이지 않았더라면 침몰사고는 일어나지 않았을 것이다. 또한 침몰 후에도 선장과 선원이 승객 을 방기하지 않았더라면, 현장에 도착한 해경 구조정 대원이 선내진입, 승객탈출 방송 등 초기 구조 활동에 민첩한 대응을 했더라면 인명피해를 크게 줄 일 수 있었을 것이다.

판교 공연장 환풍구참사 사건도 애초에 환풍구 뚜껑에 사람들이 올라서도 견딜 수 있도록 만들었더라면, 환풍구 위에 사람이 올라가지 못하도록 울타리를 쳤더라면, 환풍구에 올라가 있는 사람들이 행사관계자의 내려오라는 경고를 묵살하지 않았더라면, 안전요원을 배치 관리를 철저히 했더라면 참 사를 막을 수 있었을 것이다.

이처럼 세월호 침몰이나 환풍구 붕괴와 같은 안전사고는 물론 모든 안전사고가 처음부터 어느 과정에서든 일부관련자만이라도 좀 더 관심을 갖고, 좀 더 신경을 써서 필요한 조치를 하면 사고를 예방 할 수 있을 것이다. 그러나 전 과정에서 모두가 무관심 무신경의 안전 불감증에 걸려있다면 대형 참 사를 불러올 수밖에 없다고 해도 과언이 아니다.

대형 사고가 아니더라도 우리 생활주변엔 교통사고, 화재사고, 추락사고, 붕괴사고 등 각종 안전사고가 끊임없이 일어나고 있다. 어떻게 하면 이 같은 안전사고를 줄이고 안전한 사회에서 편안한 생활을 할 수 있을까? 하는 게 우리에게 메워진 무거운 과제다.

오랫동안 지속돼온 관행과 속성, 사고방식을 바꾸는 게 쉬운 일은 아니다. 하지만 안전하고 살기 좋은 사회를 조성하기 위해선 시간이 걸리더라도 범국민적 의식개혁을 통해 바람직한 가치관 올바른 윤리관을 재정립해 나가는 수밖에 없다.

우리는 농경사회에서 산업사회, 정보사회로 급격한 변화를 거치면서 도덕률의 붕괴 가치관의 혼돈을 겪고 있다는 생각이다. 물질문명의 폐해라 할 수 있는 극도의 이기주의, 편의주의, 요령주의, 경 제제일주의가 팽배해 수단, 방법을 가리지 않고 목적만 달성하면 된다는 의식이 우리 사회를 지배하고 있나. '모로 가도 서울만 가면 된다'는 속담이 긍정적 의미로 쓰이는 세태다. 하지만 시간이 걸리더라도 거쳐야할 정당한 절차와 과정을 차근차근 밟으며 목표에 이르는 게 옳은 길일 것이다.

그러려면 우선 전 국민의 의식 속에 법규로 정해 져 있든 않든 상식과 원칙을 중시하고 기본적 기초 질서를 지켜야 한다는 준칙정식 · 준법정신이 확고하게 자리 잡혀 있어야 한다. 튼튼한 건물을 짓기 위해선 기초가 견고해야 하듯이 안전한 사회를 위해선 그 사회의 구성원들이 우선 기초질서를 잘 지 켜야 함은 두말할 필요가 없다. 국민적 기초질서 준수정신이 강국의 기초이고 선진국의 초석이라고 할만하다. 사소한 기초질서부터 잘 지켜나가야만 안전사고는 물론이고 큰 범죄도 예방 할 수 있기 때문이다.

우리 생활주변 곳곳엔 기초질서가 지켜지지 않는 사례가 너무 많다. 난폭운전, 신호위반, 주정차 위반, 음주운전 등 교통질서가 그렇고 거리나 유원 지등에 널려있는 오물들, 분리배출조차 제대로 안 되는 쓰레기 처리 질서등도 엉망이다.

법질서를 엄격하게 지키다보면 주위에서 답답하고 융통성이 없는 사람으로 여김을 받기 쉽다. 법질서를 무시하고 편법과 요령을 부려 문제를 해결 하면 당장은 효율적인 것 같지만 결국엔 자신도 불편한 상황을 맞게 되고 사고와 문제를 일으킬 수 있다.

우리나라는 상급학교 고학년으로 올라갈수록 기초 질서 준수율이 낮아진다고 한다. 가정에서 부모 들이 모범을 보이지 못하고 있으며 학교에선 교육이 제대로 이뤄지지 않고 있기 때문이다. 어린이와 청소년기에 가정이나 학교에서 생활주변 기초질서 부터 지키기 교육이 이뤄져 도덕적, 문화적, 사회 적으로 완벽한 시민이 되도록 노력해 나가야 한다.

그래야만 안전한 사회 살기 좋은 세상, 모범적 선진국을 이룰 수 있을 것이다.

목요저널 2014년 11월 20일

탈북민의 성공적 정착

현재 북한을 탈출 국내에 입국한 새터민 수가 3만 명에 육박하는 것으로 알려져 있다. 국내 입국한 탈북자만 이럴 뿐 중국에 거주하거나 떠도는 탈북자 수는 수10만 명에 이르는 것으로 추산 되고 있다.

1995년 고난의 행군시기 2백만 명이 넘는 아사자가 생기면서 3년간 한해 2~3천 명 씩의 주민이 북한을 탈출했다. 이후 탈북자 수가 2천9백여 명으로 가장 많았던 2009년을 빼고는 매달 평균 1백여 명씩이 탈북을 했다. 그러다가 금년 들어 10월말까지 하나원에 입소한 탈북자가 9백 28명으로 12년 만에 월 1백 명 밑으로 줄었다고 한다.

최근 들어 탈북자 수가 다소 줄어든 가장 큰 원인은 김정은이 정권을 잡은 후 체제안정을 위해 내부 통제를 강화했기 때문으로 분석되고 있다. 이에 따라 북한과 중국이 국경 경비를 한층 강화했다고 한다. 이와 함께 김정은이 들어선 후 국경경비대원이 돈을 받고 탈북을 방조할 경우 끝까지 추적 엄벌하는 한편 탈북자를 체포하면 푸짐한 포상을 하고 있다. 이 때문에 위험수당이 붙어 탈북에 드는 비용이 몇 년 전에 비해 2~3배 이상 올랐다고 한다. 탈북을 어렵게 하는 요인이 아닐 수 없다.

또한 최근 북한 내에 장마당이 4백여 곳으로 활성화 되면서 먹고 살 수 있는 방법이 다양해졌기 때문에 목숨을 걸고 국경을 넘는 주민이 줄어든 것으로 분석되기도 한다.

그러나 탈북자가 비록 줄어들고 있기는 하지만 탈북시도는 끊이지 않고 계속되는 것으로 알려졌다. 북한 당국이 탈북을 막기 위해 여러 가지로 단속을 강화해 탈북 여건이 갈수록 나빠지고 있기는 하지만 여전히 대다수 주민이 극도로 경제적 어려움을 겪고 있기 때문일 것이다. 장마당 활성화로 일부 주민의 경제사정이 좋아지기는 했지만 북한에도 부익부 빈익빈 현상으로 장마당 경제에서 소외된 계층이 심한 생활고를 벗어나지 못하고 있다는 것이다.

또한 탈북의 주된 원인이 경제적 이유로 알려져 있지만 김정일 사망 후 김정은 체제가 더욱 강압적 정치 분위기인데 대한 북한 주민의 불만이 큰데도 원인이 있다는 것이다.

이 때문에 북한 일반주민의 탈북은 줄었다고 하지만 최근 당간부와 해외주재관등 엘리트층의 탈북이 급격히 증가하고 있다고 한다. 해외주재관 중에는 외화벌이 사업을 하는 상사원도 있어 북한의 최상류층으로 볼 수 있다.

올 들어 인민군 간부 등 권력층을 포함 20명이 북한을 탈출 국내에 들어왔으며 현재까지 북한 해외 주재관등 총 46명이 입국한 것으로 알려졌다.

이처럼 북한의 당 · 정 · 군 간부나 해외 주재관등 상류층의 탈북이나 망명이 증가하는 것은 김정은의 공포정치에 신변의 위협을 느끼기 때문일 것이다. 또한 장마당 등 경제규모가 커지면서 상류층간 이권다툼이 늘고 이틈에 부정부패가 싹트기 때문으로 분석되기도 한다. 이전보다 탈북이 어려워지긴 했지만 앞으로도 상류층이든 일반 주민이든, 많은 수든, 적은 수든, 어떤 이유에서든 탈북은 계속될 것임에 틀림없다.

이들 탈북자들이 조속히 우리 사회에 뿌리내리도록 하는 일이 절실한 과제가 아닐 수 없다. 탈북자들이 국내에 안정적으로 정착해서 성공적인 삶을 살아간다면 통일의 기반을 조성하는데도 크게 기여하게 될 것이다. 이들의 성공적인 정착은 본인들도 행복하게 살 수 있을 뿐 아니라 2천7백만 북한동포들에게도 희망을 안겨주는 본보기가 될 수 있을 것이다.

그러나 탈북자들이 국내에 들어와서 북한에서와 같은 절대빈곤에서 벗어나기는 했지만 우리 사회에 성공적으로 정착하는 과정에서는 여러 가지 어려움을 겪게 된다.

분단이후 70년이란 장구한 세월동안 남북주민이 단절된 체 다른 정치체제에서 살다 보니 언어, 사상, 관습, 제도 등 여러 분야의 문화가 크게 달라져 있을 것은 물론이다. 이 같은 문화적 이질감을 극복하고 정착하기란 쉬운 일이 아니다.

탈북민들에겐 취업난으로 인한 경제적 어려움, 차별대우로 인한 불만, 편견, 무시, 따돌림 등으로 인한 상대적 박탈감 등으로 우울증, 소외감, 외로움 등 정신적 고통이 적지 않다고 한다. 이 때문에 정신병을 앓거나 심지어는 미주나 유럽 등 제3국으로 다시 나가거나 재입북 또는 자살을 시도하는 사례까지 있다고 한다.

북한주민이 북한을 탈출하여 국내에 입국하게 되면 북한 이탈주민 정착지원사무소인 하나원에서 정서안정, 남한사회의 이해증진, 언어교육, 직업탐색 등 3개월간의 교육을 통해 우리 사회에의 적응능력과 정착에 도움이 되게 하고 있다. 또한 탈북민 정착을 위해 주거지원, 취업장려금, 기초생활수급, 대학특례입학 및 장학금등 다양한 지원을 위해 상당한 재원을 투입하고 있다.

그러나 대부분의 교육이 현실과 동떨어진데다 이벤트성, 단발성

지원으로 실질적 정착에 크게 도움이 되지 않는 것으로 나타났다.

탈북자들에게 가장 힘든 것은 역시 취업이다. 만족할만한 일자리를 얻지 못해 막노동이나 허드렛일을 하며 생계를 꾸려가는 경우가 많다고 한다. 취업을 한다 해도 국내 근로자들보다 근무시간은 길고 같은 일을 해도 봉급을 적게 받기 일쑤라고 한다. 식당 같은 곳에 취업을 하려고 해도 탈북자를 기피하는 경향이어서 조선족으로 속이기도 한다는 것이다. 이런 현실에선 탈북자의 실업률이나 빈곤률이 높을 수밖에 없으며 상당수가 정부지원 없이 생계를 이어가기 어려운 실정이라고 한다.

35세 이하 탈북청년 상당수가 특례입학제로 대학에 들어가 장학금을 지원받기도 하지만 졸업 후에 취업하는 경우는 극소수인 것으로 알려졌다. 무조건 대학에 입학, 학벌을 추구하기보다 다양한 분야에서 진로를 모색하도록 하고 취업을 쉽게 할 수 있게 기술교육을 하는 게 효과적 이라는 의견이 제시되고 있다.

대학교뿐만이 아니다. 초중고교에서도 적지 않은 탈북학생들이 학교생활에 적응 못하고 중도에 탈락하는 사례가 있다고 한다. 이들의 탈락은 차별대우, 호기심에 대한 거부감을 극복 못하고 학교수업도 따라가기 힘든 때문일 것이다.

대학생이나 초중고교생은 물론 모든 탈북자가 취학이든 취업이든 어디서나 부딪치는 어려움은 우선 언어문제로 알려졌다. 북한 사투리의 특유한 억양, 적지 않게 섞여있는 외래어, 약한 영어실력 등으로 의사소통도 원활하지 못하고 탈북자임이 쉽게 밝혀져 어려움을 겪게 된다고 한다.

이렇게 국내의 탈북자들은 취업이 힘들어 생계가 어렵고 학교생활이나 일상생활에서 차별과 멸시를 당하는 등 경제적으로나 정신적으로 힘겨운 생활을 하는 경우가 많아 범죄의 유혹에 빠질 가능성이 높다. 마약, 사기, 횡령, 폭력, 성매매 등 각종 범죄를 저질러 수감되는 탈북자가 해마다 늘어가는 추세라니 안타까운 일이다.

하지만 탈북자들은 어떤 일이 있어도 우리가 적극적으로 챙겨서 우리 사회에 정착시켜야 할 계층임에 틀림없다. 탈북자들을 성공적으로 정착하도록 지원하는 것은 어려운 사람을 돕는다는 차원에서 일뿐 아니라 통일을 대비해야 하는 중요한 과제이기 때문이다. 정착된 탈북자들이 통일에 이바지 할 수 있는 통일의 역군으로 역할을 할 수 있도록 해야 한다.

탈북자들에겐 경제적 지원뿐 아니라 그들의 엄청난 심리적 고통을 덜어주는 일이 더욱 중요하다.

사랑하는 가족과 헤어져 죽을 각오로 탈출, 여러 나라를 거치며 체포와 북송의 공포 속에 입국한 탈북자들의 심리를 이해하고 배려해야 한다. 텃새의식을 버리고 차별대우나 편견을 갖거나 무시하지 말고 거리감 없이 감싸줘야 한다. 탈북자들이 우리 사회에 성공적으로 정착하도록 돕는 과정에서 얻는 경험은 통일이후 남북한 주민을 통합하고 융화 시키는데 귀중한 자산이 될 것이다.

서독에서는 정부가 재정적 지원만 하고 지자체나 복지, 종교단체, 실향민단체 등에 정착프로그램을 맡겼다고 한다. 우리도 모두가 한마음으로 그들의 정착을 도와야 할 것이다.

탈북자 3만 명을 제대로 끌어안지 못한다면 통일 후 2천4백만 북한주민들과 어떻게 융합을 이룰 수 있겠는가.

목요저널 2015년 11월 26일

언론 보도와 인권

언론 보도와 인권의 문제는 오래 전부터 끊임없이 사회적 문제를 제기해 왔다. 그러나 최근에 와서 인권의식이 전보다 높아지고 있음에도 오히려 더욱 심각한 양상을 띠고 있는 게 사실이다.

몇 년 전부터인가 민주화 추세가 급격하게 진전되면서 각종 언론매체가 날이 갈수록 크게 늘어나고 있다. 더구나 최근에는 인터넷을 비롯한 통신기술의 발달로 다양한 정보가 홍수를 이루고 있다. 그럼에도 매체나 정보를 이용하고 수용하는 태세나 시민의식은 거기에 미치지 못하고 있다는 느낌이다. 때문에 어설픈 정보, 잘못된 보도에 의해 피해를 입는 사례가 속출하고 부작용이 이는 등 사회적 물의를 일으키기 일쑤다.

얼마 전 지방에서 조그마한 사업을 하고 있다는 한 중소기업자가 토로한 억울한 사정은 잘못된 언론 보도가 얼마나 심각한 결과를 가져오는지를 느낄 수 있게 했다.

"이제 저는 벌여 놓은 사업을 정리하고 이제까지 살아온 정든 고향을 뒤로하고 낯선 곳으로 떠날 수밖에 없게 됐습니다. 그 좁은 바닥에서 어떻게 얼굴을 들고 다닐 수 있겠습니까." 결국 잘못된 언론 보도 때문에 사업도 못하게 됐고 패가망신하는 처지가 됐다는 것이다.

이 중소기업인이 이같이 어려운 지경에 빠지게 된 것은 자신의 사업과 관련, 관계 공무원들과 함께 경찰의 조사를 받고 있다는 잘못된 방송 보도가 나갔기 때문이라고 했다.

이 방송 보도가 사실이 아닌 것으로 밝혀져 후에 언론 중재를 통해 정정 보도가 나가기는 했다. 그러니 그는 "이미 실추된 명예를 완전히 회복하기도 어려울 뿐 아니라 아무 잘못도 없이 곤욕을 치른 관계 공직자들과 어떻게 얼굴을 맞대고 사업을 계속할 수 있겠느냐"면서 결국 사업을 걷어치우고 그 고장을 떠날 수밖에 없다고 했다. 이와 함께 그는 "보도를 하기 전에 한번만 더 확인했더라도 이같이 엄청난 일은 일어나지 않았을 것이 아니냐"면서 분통을 터트리기도 했다. 이 사건은 언론보도가 조금만 더 신중했더라면 막을 수 있었던 사안인데 부주의한 보도가 얼마나 엄청난 결과를 가져오는지를 잘 말해주는 좋은 예라고 할 만하다.

아니 땐 굴뚝에 연기 날까

사실상 많은 경우 잘못된 언론 보도에 의해 일단 명예와 지위가 훼손되고 경제적인 피해를 입게 되면 언론 중재를 통해 정정 보도나 반론 보도가 된다고 해도, 또는 나아가 소송 절차를 밟아 피해를 보상받는다 해도 그 같은 보도가 나가기 전 상태로 완전히 회복되기가 어려운 게 사실이다.

정확한 내용을 모르는 대부분의 독자들은 "아니 땐 굴뚝에 연기가 나겠는가"하는 속담도 있듯이 "무엇인가 잘못이 있으니까 그런 보도가 됐겠지 아무 잘못이 없는데 그런 보도가 나갔을 리 있겠느냐"고 치부해 버리는 경우가 많기 때문이다.

더구나 정정 보도나 반론 보도가 나간다 해도 그동안 모르고 있던 사람들까지 알게 되고 새로운 물의를 일으킴으로써 명예가 회복되기는커녕 오히려 피해를 확산시키는 역효과를 가져올 수도 있다. 이런 이유들로 '한번 죽지 두 번 죽는 결과를 가져올 수도 있겠느냐'면서 명예회복이나 피해보전을 처음부터 아예 포기해 버리는 경우도 적지 않을 것으로 짐작된다.

이처럼 잘못된 언론 보도나 정보에 의해 명예가 훼손되거나 경제적 손실을 당하고도 언론중재위원회를 찾거나 소송 절차 밟기를 꺼리는 피해자들이 많은 게 사실이다. 이런 사정으로 대부분의 경우 언론 보도에 의한 명예훼손 등의 피해는 그런 일이 일어나지 않도록 사전에 예방해야지 일단 피해가 발생한 후엔 완벽한 회복이 불가능하다고 볼 수 있다.

그럼에도 최근 언론매체가 계속 늘어나는 데다 인터넷을 비롯한 다양한 통신수단을 통해 각종 정보가 난무하고 있어 잘못된 보도나 정보에 의해 피해 발생 위험성이 엄청나게 증대되고 있다는 데 문제의 심각성이 있다. 더구나 각종 언론매체의 난립에서 비롯되는 지나친 경쟁으로 선정적 보도가 판을 치고 있는 마당이고 보면 피해 발생의 위험성은 더욱 커질 수밖에 없는 실정이다.

요즘 주로 언론 보도에 의한 명예훼손으로 언론중재 건수나 소송 건수가 늘어나고 있는 추세지만 드러난 사건보다는 묻혀버린 사건들이 더 많으리란 사실을 쉽게 짐작할 수 있다. 이 같은 현상은 근본적으로 아직 우리 사회에 인권의식이 제대로 자리잡지 못하고 있기 때문이라고 할 만하다.

잘못된 보도에 의해 피해를 당하고도 귀찮아서 그대로 넘기기도 하고 또 어떻게 해야 할지 몰라 벙어리 냉가슴만 앓는 피해자들도 많을 것이다. 뿐만 아니라 앞에서도 말했듯이 언론 중재를 통해 반론 보도나 정정 보도가 나간다 해도 모르는 사람까지 알게 돼 두 번 죽이는 결과를 가져올 수 있다는 생각에서 피해 구제를 포기해 버리는 경우도 있을 것이다. 더구나 앞으로 언론기관에 밉보이면 더욱 큰 불이익을 당하지 않을까? 하는 우려에서 억울해도 울며 겨자먹기로 그냥 참아 넘기는 경우도 적지 않을 것이다.

두 번 죽는 한이 있더라도

그러나 누구나가 이대로라면 잘못된 언론 보도에 의해 피해를 예방하거나 줄여나간다는 일은 요원할 수밖에 없다. 비록 만족할 만한 결과를 얻을 수 없더라도, 나아가 두 번 죽는 한이 있더라도 누구나가 피해를 입으면 어떤 수단을 통해서든 피해를 회복하려는 적극적인 노력을 기울여야 할 것이다. 그래야만 언론 보도에서 좀 더 인권이 존중되는 풍토를 정착시켜 나갈 수 있을 것이다. 그리고 이러한 노력이 끝내는 언론 보도에 의한 피해를 예방하고 줄여가는 견인차가 될 것이다.

민주사회에 있어서 언론의 자유는 절대적으로 보장되어야 하고 국민의 알 권리를 충족시키는 일도 소홀히 할 수 없는 것은 분명하다. 그러나 개인의 명예와 사생활의 자유와 비밀 등 인격권도 그에 못지않게 경시되어서는 안 될 것도 명확하다.

언론의 자유, 국민의 알 권리, 개인의 인권이 모두 존중되는 가운데 이들이 조화를 이루면서 언론의 보도가 이뤄져야 한다. 여기에 사회적 공익성도 빼놓을 수 없는 요건임은 두말할 필요조차 없다. 이들 중 어느 것에도 치우침이 있거나 소홀함이 있어서는 안 될 것이며 특히 어떤 경우에도 개인의 명예와 사생활의 비밀 등 인권이 침해되는 일이 있어서는 안 될 것이다.

다시 말하면 관련된 여러 가지 사회적 이익을 비교 형량하여 가장 높은 이익을 추구하는 방향으로 보도가 이루어지되 무엇보다 인격권의 보호가 최대한 배려돼야 할 것이다.

그러나 우리의 현실은 언론매체의 난립과 극한 경쟁으로 각종 부작용이 속출하고 있을 뿐 아니라 국민의 인권의식이나 언론관이 제대로 정립되어 있지 못하기 때문에 더욱 혼란을 겪고 있는 것으로 여겨진다.

앞에서 보았듯이 잘못된 언론 보도에 의한 폐해는 기업을 망하게도 하고 개인을 파멸시킬 수 있는 게 사실이다. 인권의식을 고양하고 올바른 언론관이 확립될 수 있도록 제도적 장치가 강화되어야만 언론 보도에 의한 피해도 줄일 수 있을 것이고 건전한 언론의 발전도 기대할 수 있을 것이다.

그러나 아무리 법적, 제도적 장치가 마련된다고 해도 언론기관이나 국민의 올바른 인권의식이 확립되지 않으면 언론보도로 인한 피해를 예방하기는 어려울 것이다. 그러므로 현 상황에서 무엇보다 긴요한 것은 국민의 인권의식을 높여주고 언론매체들이 스스로 피해가 발생하지 않도록 자율적 규제를 강화하는 일이다.

목요언론 2002 · 창간호

신문의 권위

예전 한때는 시중의 보통 사람들 사이에서 "신문에 났대"라고 하면 좀처럼 믿기 어려운 일이라도 사실로 인정을 받곤 했다. 떠도는 소문에 대해 의문을 갖고 치열한 논쟁을 벌이다가도 "신문에 났다"는 한마디로 이의 없이 판정이 나 버리는 때가 있었다. 그때는 그만큼 신문의 권위가 인정되었고 신문 보도가 신뢰를 받았던 것이다.

신문에 혹 오, 탈자기 있거나 철자법이 틀린 문장이 나가더라도 "신문이 틀릴 리가 없다"며 명확하게 잘못됐다는 확증이 있기 전까지는 일단 믿어줬던 때가 있었던 것이다.

그러나 언제부터인가 "신문에 났다"는 말이 사실로 확인돼도 "요즘 신문 믿을 수 있나"라든지 "신문에 났다고 다 믿을 수는 없지"라면서 좀처럼 수긍하려 들지 않는 경우가 많아졌다. 예전에 비해서 신문이 그 권위를 인정받지 못하고 신뢰를 받지 못하고 있다는 얘기가 된다.

더구나 신문이 어떤 사안에 의견을 제시하거나 주장을 펴는 논평 등에 대해서도 신문사의 글이든 기고자의 글이든 반론을 제기하거나 신문의 논조와 다른 자기주장을 내세우며 격렬한 비판을 하는 경우도 많아졌다. 신문에 난 사실을 쉽게 인정하지 않거나 신문의 논조에 좀처럼 공감을 못하고 자기주장을 내세우는 사람들이 많아진 것이다.

왜 이렇게 되었을까? 이렇게 되기까지에는 여러 가지 이유가 있을 수 있을 것이다. 우선 예전의 보통사람들은 신문보도뿐 아니라 어떤 형태의 정보라도 공공성을 띤 기관에서 나온 것이라면 쉽게 믿어버릴 만큼 순박했던 때문일 것이라고 생각해 볼만하다. 그리고 그때는 정보 유통 수단이 비교적 단순하고 수적으로 적어 공익성을 표방한 신문이 쉽게 그 권위를 인정받았을 수도 있다.

그러나 요즘엔 다수의 다양한 언론매체들이 다양하게 전달하다 보니 정보의 일관성이나 통일성도 없다. 뿐만 아니라 이 와중에 잘못된 정보도 적지 않아 독자들이 혼란을 겪게 되는 경우도 없지 않다. 이 때문에 신문 보도에 대한 신뢰성이 저하되고 따라서 신문이 권위를 잃게 되었을 것으로도 볼 수 있을 것이다. 하지만 무엇보다 설득력 있는 이유는 근본적으로 세월이 흐르면서 독자들의 교육 수준이 높아져 비판적 안목과 논리적 사고 내지는 민주적 사고가 크게 신장되었기 때문일 것이란 분석이다.

이유야 어디에 있든 요즈음 신문이 그 권위를 제대로 인정받지 못하고 절대적 신뢰를 얻지 못하고 있다는 측면에선 무척 안타까운 일이다. 그렇지만 독자들의 분석력과 판단력 등 수준이 높아지고 다양한 의견이 분출되고 있다는 측면에선 바람직한 현상으로 볼 수 있다.

얼핏 따져 봐도 예전보다 신문이 권위를 인정받지 못하고 신뢰를 받지 못할 이유가 없을 것으로 보인다. 언론매체들도 급진적인 발전을 거듭해 왔고 보도 내용도 전보다 훨씬 충실해졌음을 부인할 수 없다. 그럼에도 언론의 권위와 신뢰가 예전보다 인정을 못 받고 있는 것은 대중의 의식 수준이 그만큼 높아지고 변했다고 보는 게 타당할 것이다. 요즘의 독자는 예전의 독자가 아니다. 적극적이고 논리적이다.

믿을 수 있는 신문, 우수한 신문을 만드는 것은 결국은 일반 독자들이라고 할 수 있다. 정치집단이나 특정사회, 경제잡단들이 자신들의 이해득실에 따라 때로는 언론을 찬양하기도 하고 때로는 질타하기도 하지만 결국 최종적인 평가는 일반 독자들의 몫이기 때문이다. 독자들로부터 권위를 인정받지 못하고 신뢰를 얻지 못한다면 결국 그 신문은 존재할 수 없게 될 것임에 틀림없다.

근래 신문은 물론 다양한 정보유통 수단이 대량으로 태동하면서 미디어들 간에 무한경쟁시대를 맞고 있다. 경품을 돌리고 무가지를 뿌리는 등 수단 방법을 가리지 않고 보급망의 확보나 광고 수입의 증대를 위한 과열 경쟁은 언론이 스스로의 권위를 깎아내리면서 저널리즘 본연의 기능마저 훼손하고 있다.

자본주의 시대에 있어서 언론사의 이윤 추구는 불가피한 일이지만 지나친 상업주의는 선정적 보도 및 왜곡 과장 축소 보도 등 많은 부작용을 야기하면서 사회를 혼란스럽게 하고 있다. 또한 국민이 꼭 알아야 할 내용도 어떤 이유에서건 묵살되는 경우도 없지 않다. 이 같은 와중에서 신문의 잘못된 보도로 명예훼손 등 피해 사례가 일어나는 등 부작용도 적지 않은 것으로 나타나고 있다. 취재 현장에서 언론매체 간의 치열한 경쟁도 언론 보도에 요구되는 공정성, 정확성, 윤리성을 저하시키면서 독자들의 신망을 잃어가고 있는 것이다.

최근 참여정부가 들어서면서 문화관광부의 '홍보 업무 운영방안' '신문 고시'의 실행 강화 등 소위 개혁적 언론정책이 진행되면서 우리 사회는 더욱 어지러운 양상을 보이고 있다. 이를 계기로 권력과 신문이 충돌을 일으키고 있을 뿐 아니라 일부 신문과 신문, 신문과 TV 등 각종 언론매체들 간에도 극단적 대립 국면이 노출되면서 사회적 안정을 위협하고 있다.

이럴 때일수록 언론매체들이 감정적 대응을 자제하고 공정하고 정확한 보도를 해야만 권력으로부터도 독립성을 확보하고 독자들로부터도 신망을 얻을 수 있을 것이다. 만약 언론들이 균형감각을 잃고 편향된 보도, 왜곡된 보도를 하게 된다면 권력과의 마찰도 계속 이어질 것이고 독자들의 신뢰는 더욱 떨어질 수밖에 없을 것이다.

언론이 권력과 자본으로부터 독립하여 자유스러워지려면 어떤 경우라도 법적으로나 윤리적으로 하자가 없어야 한다. 독자들은 언론매체와 언론인들에게 특별히 차원 높은 도덕률과 윤리의식을 요구하고 있다.

언론매체도 기업이기에 이윤을 추구할 수밖에 없지만 언론사가 통속적인 장사꾼이 될 수는 없다. 또한 기자도 먹고살아야 하는 생활인이긴 하지만 평범한 월급쟁이어서는 안 된다. 언론이 비판의 주체이긴 하지만 제 기능을 못하고 바른길을 걷지 못하면 스스로도 독자들의 준엄한 비판을 받아야 한다는 점을 명심해야 할 것이다.

지금 우리는 정치, 경제, 사회, 노동, 통일, 인권문제 등 수많은 분야에서 심각한 갈등을 겪으면서 국론 분열과 이념 대립 양상을 보이고 있다.

더구나 지금은 참여정부가 출범을 한 초기여서 아주 중요한 시기이다. 국운을 좌우할 수 있는 중요한 개혁적 정책들이 추진되고 있는 마당이고 보면 어느 때보다도 언론이 균형 잡힌 시각에서 공정하고 날카로운 비판을 해주어야만 한다.

정치권도 보수와 혁신의 대립 양상이 심화하는 등 혼란스럽고 경제사정도 어렵다고 한다. 노사문제도 매일 격렬한 시위가 계속되는 가운데 시련을 겪고 있으며 남북문제도 국론의 방향을 일치시키지 못한 채 어긋나고 있다.

이럴 때일수록 언론이 권위를 잃고 보도가 신뢰를 얻지 못하면 국민은 일대 혼란에 빠지고 국가의 정책도 성공을 거두기가 어려워진다. 어느 시대 어느 사회건 언론이 바른 길을 걷지 못하고 독자들의 신뢰를 잃어 제 구실을 다하지 못하면 그 시대, 그 사회의 발전을 기대할 수 없을 것이다.

하루 빨리 언론이 옛날처럼 권위를 회복하고 국민들의 깊은 신뢰 속에 굳건하게 자리 잡아 사회적 안정과 경제 발전을 이룩해 나가는 때가 와야 할 것이다.

목요언론 2003 · 제2호

술 그리고 나

1. 지게미로 맺은 술과의 첫 인연

나는 내 자신을 술꾼이라고 생각해본 적이 한 번도 없다. 그런데 주위에서 나를 바라보는 사람들은 나를 술꾼으로 생각하는 모양이다. 그래서인지 목요언론인클럽에서 나에게 술 얘기를 좀 해달라고 요청해 왔다. 마땅히 거절할 명분도 없어 술꾼은 아니지만 술과 더불어 살아온 지난날을 되돌아보며 두서없이 부끄러운 글을 써보기로 했다.

내가 술과의 인연을 맺기 시작한 것은 꽤 어릴 적부터였던 것 같다. 넉넉한 집안은 아니었지만 할아버님이 계시는 고향집과 아버님이 계시는 서울집엔 항상 술이 떨어지지 않았다. 비록 보리밥을 먹을망정 쌀이나 찹쌀밥에 누룩을 섞어 빚는 가용주가 언제나 있었다.

그 당시엔 집에서 술을 담가먹는 게 불법이라 시골집에서는 단속을 피해 술독을 뒷동산에 묻거나 나무광, 짚가리 속에 숨겨놓곤 하는 것을 가끔 본 일이 있다.

할아버님과 아버님은 꼭 반주를 드셨다. 아침 저녁으로 밥상엔 약주가 칠홉 정도 담긴 놋대접이 반드시 놓여있었다.

이때 나는 지금의 초등학교 저학년이었는데 집에서 항상 술을 담가 먹었기 때문에 가끔 술지게미를 먹을 기회가 있었다. 설탕이나 당원을 넣고 연탄불이나 화롯불에 끓여먹던 지게미의 맛은 지금도 잊을 수가 없다. 말이 지게미지 용수를 막아 약주를 떠내고 난 후 막걸리를 걸러내기 전이어서 취기가 꽤 있었다.

어떤 때는 아버님이 조금 남겨주시는 반주를 마셔보기도 했고 지게미가 없을 땐 직접 술에다 설탕을 타서 마시기도 했다. 이럴 땐 얼굴이 벌겋게 달아올라 쩔쩔매곤 했던 기억이 난다. 이렇게 나는 초등학교 저학년인 어릴 때부터 술과의 인연을 맺으면서 익숙해졌던 것 같다.

이 같은 나의 어릴 적 술(?)과의 어설픈 인연은 6 · 25사변이 터지면서 끊겼다. 부산에서 피난살이를 하며 중학교를 다닐 때나 서울로 돌아와서 어머님과 단둘이 살면서 고등학교를 다닐 때는 술지게미도 술도 먹을 기회가 없었다. 아버님이 직장일로 부산에 그대로 눌러 계셔서 집안에 어른이 계시지 않았기 때문이다.

그러나 고등학교 2~3학년 때 방학이나 명절을 틈타 고향엘 가면 이때부턴 시골집에서 정식으로 술상이 차려져 나왔다. 고향이 충청도 산골인데다 그때까지도 조혼의 풍습이 남아 있어 고등학교 2학년이면 성인으로 대접을 받았다. 인사차 집안댁을 방문해도 꼭 술상이 나오곤 했다. 하지만 이때는 조금 먹는 척만 했지 아무리 강권을 해도 취할 정도로 마시지는 않았다. 그때는 서울과 시골이 성년에 대한 인식에 큰 차이가 있었고 대학입시라는 중압감에 눌려 있었기 때문으로 생각된다.

최근 관계기관의 조사에 의하면 미성년자 가운데 중학생 60%, 고등학생 80%가 음주경험이 있는 것으로 나타났다. 아마 미성년 학생들의 음주는 그때가 지금보다 오히려 적었을 것으로 추정된다.

2. 폐쇄된 우물의 쓰레기물 마셔

나의 음주는 대학에 입학하면서부터 본격화하기 시작했다. 당시 어머님은 아들이 대학생이 돼 빡빡 깎은 머리를 기르자 정식으로 성인이 됐다고 인정, 할아버님과 아버님께 해드렸던 대로 나에게도 해주셨다.

아침에 일어나면 "남자는 술도 마시고 담배도 피울 줄 알아야한다."고 하시면서 조그만 쟁반에 술 한 잔과 담배 한 갑을 놔서 갖다 주시곤 했다. 한 번은 아침에 일어나자마자 백 알을 맥주 컵으로 한 잔 잔뜩 먹고 얼굴이 벌겋게 달아올라 혼이 난 적이 있었다. 어머님이나 나나 주도를 잘 몰랐었던 때였다.

이때는 풋술이라고 해서 주량도 모르면서 주종을 가리지 않고 마구 마셔 곤욕을 치르는 일이 가끔 있었다. 대학 다닐 땐 친구들이 자주 놀러왔었다. 그날도 두 친구가 찾아와 술자리가 벌어졌다. 초저녁부터 시작된 술자리는 한밤중까지 이어져 소주를 정종병으로 4병이나 마셨다. 두 친구는 별로 술을 마시지 않는 편이어서 줄잡아도 혼자 두 병은 먹은 듯했다. 정신을 가다듬으려 아무리 애를 써도 바닥이 비스듬히 솟아올랐다 반대로 기울기가 반복되면서 정신이 가물거리며 몸을 제대로 가누기 어려웠다. 아마 이렇게 많이 마시기는 이후에도 좀처럼 없었던 것 같다.

누구에게나 그렇듯이 나에게도 짓궂은 친구가 몇 있었다. 시험 때만 되면 술을 마시자고 해서 애를 먹였다. 심지어 시험 시간 사이 쉬는 시간에도 마시자고 유인, 학교 앞 대포집에서 막걸리잔을 기울이고 얼굴이 벌게서 시험을 치르기도 했다. 이럴 땐 시험감독으로 들어온 교수님의 얼굴을 보기가 민망했다.

거절하고도 싶었지만 우연히 차지한 수석 자리를 지키려는 옹졸

함으로 비칠까봐 어울릴 수밖에 없었다.

젊었을 땐 누구에게나 술에 얽힌 에피소드가 많게 마련이다. 한 번은 군산에 사는 친구 결혼식에 간 적이 있었다. 종일 하객들을 접대하느라 술을 마셔 파김치가 되어 있는 나에게 신랑 삼촌이 수고했다며 밖에 나가서 한잔 더 하자고 했다. 할 수 없이 이끌려가서 다시 정종을 마셨다. 너무 많이 마셨는지 갑자기 복통과 함께 두통이 와서 견딜 수가 없었다. 참다못해 병원을 찾았다. 객지에서 누워 쉴 수도 없어 더럭 겁이 났기 때문이다. 들어서자마자 "괴로워서 죽을 지경이니 이 자리에서 죽여주든가 아니면 싹 낫게 해 달라."고 소리를 쳤다. 하도 야단스러웠던지 의사와 간호사가 동시에 양팔에 주사바늘을 찔렀다. 그런데 신기하게도 주사바늘을 빼기도 전에 그렇게 견딜 수가 없던 괴로움이 스르르 가라앉는 게 아닌가. 무슨 약이었는지 모르지만 참으로 기적같이 생각됐다. 술을 마시고 병원을 찾기는 일생동안 처음이었다.

밤이 늦어 친구 집으로 못 가고 친구네가 운영하는 주물공장 숙직실로 갔다. 한잠을 자고 났더니 이젠 목이 말라 견딜 수가 없었다. 물이 없다는 친구 삼촌을 계속 졸랐더니 어디서인가 물을 떠다 줬다. 그렇게 물맛이 좋을 수가 없었다.

이튿날 아침 어제 먹은 물이라며 가리키는 공장 한 구석의 우물 안을 들여다보고 깜짝 놀랐다. 새끼토막, 깡통 등 온갖 쓰레기가 가득했고 물빛은 주물공장서 쓰는 검은 흙이 날아들어 시커멨다. 속이 확 뒤집어지면서 어젯밤 마신 물이 거꾸로 치솟는 듯했다.

또 한 번은 친구 입대환송연서 술을 마시고 명동바닥을 헤집고 다니다 그곳 토박이 젊은이들과 충돌, 입대하는 친구가 폭행을 당하는 사고가 있었다. 이때 파출소에 들어가 항의를 했다가 이튿날

신문에 내가 폭행을 당한 것으로 보도돼 곤욕을 치른 적도 있다. 일간 대중지에 폭행사진과 관련 명예스럽게(?) 신문에 오르기는 처음이었다.

최근 관계기관 조사에 의하면 대학생 10명 중 9명이 음주 경험이 있다고 했다. 대학 신입생 환영회 때 신고식에서 도에 넘치는 음주로 목숨을 잃거나 사고가 나는 경우도 있었다. 요즘 대학생들은 40여 년 전보다 술을 많이 마시면서 여유나 낭만을 즐기지 못하는 것 같다.

그때는 돈이 없어 대포집에서 막걸리잔을 기울이거나 위스키 시음장에서 국산 위스키를 낱잔으로 마시고 다방에서 설탕물에 위티를 마시면서도 낭만이 있었던 것 같다.

3. 모두 취해버린 일개 중대 병력

대학을 다니던 중 어느 해 8월 중순쯤 군에 입대를 하게 됐다. 입대하기 직전까지만 해도 부대주보에서 술을 팔았으나 입대 직전 금주령이 내려 술을 팔지 않는다고 했다.

하지만 훈련병 중엔 야외훈련장에 나가게 되면 조교의 눈을 피해 이동주보에서 술을 사먹는 사람이 있었다. 아주머니들이 광주리에 술, 담배, 과자 등을 담아 훈련병들을 따라다니며 팔고 있었다.

뿐만 아니라 영외 훈련장을 오가는 길옆 군수품가게엔 수통에 소주를 담아 팔고 있었다. 행군 중에도 재빨리 빈수통과 돈을 놓고 술이 담긴 수통을 바꿔치기 해와 물을 마시듯 벌컥벌컥 들이키기도 했다.

저녁 취침점호가 끝나면 내무반 한켠에 몇몇이 모여 앉아 어떻게 구했는지 품속에서 막소주병을 꺼내놓고 건빵을 안주 삼아 돌아가며 병나발을 불기도 했다. 술을 먹지 못하게 하니까 맛도 모르면서 더 마신 것 같다. 일반사회에서라면 그렇게 막소주를 안주 없이 들이켜면 머리도 아프고 속도 쓰리련만 끄떡없었다. 역시 정신력의 영향이 얼마나 큰지를 느낄 수 있었다.

한번은 토요일 오후 중대 부관의 인솔로 중대원 전원이 빨래를 한다는 명목으로 개울가엘 나간 적이 있었다. 모처럼 자유를 만끽하게 된 훈련병들은 이동주보에서 술을 사먹기 시작, 중대원 모두가 취했다. 노을이 진 거리를 신나게 군가를 부르며 부대로 돌아올 때까지는 낭만적이기까지 했다. 그러나 중대원 모두가 술에 취해 행군을 했으니 소문이 안 날 수가 없었다. 엄격하기로 이름 난 육사 출신 중대장이 밤늦게 점호를 한다고 비상이 걸렸다. 내무반 양쪽 침상에 혼자 서 있기조차 어려울 정도로 취한 몇 사람은 양쪽에서 부축을 하고 일열로 늘어섰다. 드디어 중대장이 들어오고 "차렷! 경례" 구령이 떨어지자 여기저기서 서너 명이 쓰러졌다. 부축하고 있던 손을 놓아 버린 때문이다. 중대장은 얼굴이 벌겋게 달아올라 굳은 표정으로 나가버렸다. 다른 막사에서도 비슷한 상황이 벌어졌다고 했다. 훗날 이일로 중대를 인솔했던 부관이 곤욕을 치루었다는 얘기를 듣고 미안한 생각이 들었다.

훈련을 끝내고 배치 받은 부대 주보에선 술을 팔았다. 일과가 끝나면 동료들이나 상사와 어울려 막걸리잔을 기울이기도 했고 겨울엔 따뜻한 사무실 난로가에 둘러앉아 식용유에 튀긴 건빵을 안주 삼아 소주를 마시기도 했다. 지금 생각하면 그리워지는 아련한 추억이 아닐 수 없다.

4. 맥주 2병 반을 단숨에 마셔

군에서 제대를 한 후 대학을 졸업하고 나서 한동안 백수로 있으면서 집안에서 하는 건축일을 도와준 적이 있었다. 이때 하루종일 일하고 출출할 때 고추장에 양념한 돼지갈비를 연탄불에 지글지글 구워 소주잔을 비우던 멋과 맛은 아직도 잊을 수가 없다. 지금은 아무리 좋은 술에 기름진 안주가 있어도 그때의 맛을 좀처럼 느끼기가 어렵다.

직장생활을 하면서는 항상 바쁘게 지냈지만 술 마실 기회가 되면 사양하는 편은 아니었다. 그리고 마실 때마다 과음하기 일쑤였다.

무슨 상을 타고난 후였다고 기억된다. 자축을 할 겸 사무실 식구들과 회식을 한 적이 있었다. 내가 마련한 자리라 피할 수도 없고 수십 명을 혼자서 상대하자니 조심을 했어도 너무 취했던 것 같다. 얼마를 마셨는지 일생 처음으로 업혀 나오는 불명예를 안게 됐다. 그런데 업혀 나오면서까지 간 곳은 집이 아니라 또 다른 술집이었다. 몇몇 동료가 소위 2차 자리를 마련. 그곳에서 또 마시고 나서 집에 갈 수 있었다.

한번은 서울에서 열리는 전국배구대회에 선수단을 이끌고 간 적이 있었다. 그때까지는 서울에 있는 회사가 매년 우승을 해왔지만 뜻밖에도 우리가 지방사로선 처음으로 우승을 차지했다. 승리감에 도취된 우리는 봉고차에 맥주박스를 싣고 대전에 도착되기까지 내내 마셨다. 그러고도 미진했던지 대전에 도착해서도 술을 좀더 하기로 했다. 우승컵에 맥주를 채워보니 두 병 반쯤이 들어갔다. 돌아가며 한잔씩 입을 떼지 않고 마시기로 하고 내가 먼저 시범을 보였다. 그때는 물론 지금 생각해도 그 많은 양을 어떻게 단숨에 들이

켰는지 내 자신이 믿어지질 않는다.

가다가 이렇게 폭음도 하고 과음도 했지만 이 때문에 회사에 늦게 나오거나 결근하는 일은 단 한 번도 없었다. "술 잘 먹는 사람이 일 잘하는 사람"이란 말이 있듯이 술은 가끔 일하는데 도움이 되기도 하고 활력소가 되어 주기도 했다. 술을 자주 마시는 편이었지만 기억이 될 만큼의 큰 실수는 없었던 것 같다. 술은 기분이 좋을 때도 마시고 나쁠 때도 마신다고 한다. 그러나 술이 좋아 일부러 찾아 마시진 않았다. 때문에 혼자서는 집에서든 밖에서든 마시지 않는다.

5. 바람직한 음주문화의 정착

술은 어떻게 마시느냐에 따라 약이 되기도 하고 독이 되기도 한다. 최근 연구 결과에 의하면 매일 한두 잔의 술을 마시는 사람은 전혀 마시지 않는 사람에 비해 치매에 걸릴 위험이 현저히 낮고 심장병, 뇌졸중 등을 줄여주는 한편 기분전환, 소화촉진, 신진대사 개선 등 건강에 도움이 된다고 한다.

반면 술은 심장, 구강, 위, 간 등에 각종 질환을 유발하는 요인이 돼 발병율이 비음주자에 비해 6배나 높고 술로 인한 질병 치료비, 생산성 감소 및 사망, 사고 등의 재산 피해액이 한 해 수십 조 원이나 되는 것으로 추산되고 있다.

술의 공과를 정확하게 따지기는 어렵겠지만 적당히 마시면 여러 가지로 이로울 수도 있고 지나치게 마시면 오히려 해악을 끼칠 수도 있는 것만은 분명하다. 그러면 술을 얼마나 어떻게 마셔야 할까? 바람직한 음주문화의 정착이 우리의 과제가 아닐 수 없다.

흔히 술은 빈속에 마시지 말라고 한다. 공복엔 알코올 흡수 속도가 빨라져 혈중 알코올 농도가 급속히 상승하기 때문이다. 그러나 밥을 잔뜩 먹고 배가 부르면 술맛도 나지 않고 개운하게 취하지도 않는다. 빈속에 술을 마시기 시작하더라도 한잔을 여러 번 나눠 천천히 마시면서 안주를 많이 먹으면 속을 채우고 나서 마시는 것과 같은 효과로 몸을 보호할 수 있을 것이다.

술은 천천히 마시는 게 좋다. 술은 급하게 마시면 혈중 알코올 농도가 급속히 높아져 알코올 중독의 원인이 될 수 있다. 천천히 마실수록 뇌세포로 가는 알코올 양이 적어지고 간에서 알코올을 분해할 수 있는 시간을 갖게 된다. 요즘 "원샷"이라고 해서 한잔을 단번에 비우는 경우가 있는데 한잔을 여러 번 나눠 마시는 습관을 붙이는 게 좋다.

술은 가능한 한 섞어 마시지 말아야 한다. 술을 섞어 마신다고 더 취하지는 않는 것으로 알려졌다. 그러나 대개 술은 섞으면 맛이 부드러워져 많이 마시게 되기 때문에 빨리 취할 수밖에 없다. 흔히 마시는 폭탄주의 경우 맥주와 양주를 섞으면 인체에 흡수되기 가장 적당한 20~25도 정도가 되기 때문에 빨리 흡수된다고 한다. 또한 폭탄주는 단숨에 잔을 비우도록 강요당하기 일쑤여서 더구나 짧은 시간에 많은 양의 술을 마시게 된다.

과음 후 해장술을 마시지 말아야 한다. 어젯밤 과음으로 간과 위장이 지쳐 있는 상태에서 다시 알코올이 들어가는데 숙취가 해소될 리 없다. 알코올이 뇌의 중추신경을 마비시켜 두통 · 속 쓰림이 가시는 듯 숙취의 고통을 덜 느낄지 모르지만 알코올 중독으로 가는 지름길이라고 한다. 술 마신 뒷날엔 인삼차, 칡차, 꿀물, 과일 등을 많이 먹는 게 좋다. 인삼은 알코올중독을 예방하는 효과가 있고 칡차, 과일 등은 저하된 신진대사 기능을 북돋아주고 당분과 비타민을 보충해 줄 수 있기 때문이다.

술좌석에서도 반드시 예의를 지켜야 한다. 술을 마시면 긴장이 풀리고 정신이 해이해져 말과 행동이 흐트러지기 쉽다. 그러다 보면 남에게 피해를 주고 분위기를 망치기 쉽다. 흔히 “술은 어른 앞에서 배우라”고 한다. 반듯한 자세를 지키려고 노력하면 과음도 피할 수 있고 건강도 지킬 수 있음은 물론 실수를 하지 않게 된다.

예를 들면 술을 권할 땐 반드시 오른손으로 잔을 잡고 두 손으로 건네주고 잔을 받을 때도 오른손으로 잔을 잡고 두 손으로 받으며 받은 술잔은 반드시 입에 댔다라도 내려놓는다는 등이다.

술에 취할수록 긴장을 풀지 않고 정신을 차리려고 노력하면 “어제 어떻게 됐는지 모르겠다”든가 “필름이 끊겼었다”는 말은 하지 않게 될 것이다.

건전한 음주습관, 예의바른 음주문화가 정착되면 우리 사회는 훨씬 밝아질 것이다.

목요언론 2004 · 3호

지방대학의 활로

최근 지방소재 대학들이 내년부터 전면 실시되는 대학정보공시제가 지방소재 대학들의 입지를 더욱 위축시킬 가능성이 있다며 우려를 하고 있다. 대전 · 충남지역 대학들에 의하면 대학정보공시제가 각 대학별로 각종 정보를 공개함으로써 교육수요자들이 대학을 선택하는 데 도움이 된다는 측면에선 긍정적임을 부인할 수 없다. 하지만 수도권 대학들에 비해 상대적으로 열악할 수밖에 없는 지방소재 대학들의 교육 및 연구여건이 감안되지 않았다는 데 불만과 함께 불안을 느끼고 있다. 경쟁력 있는 대학들만 살리겠다는 정부의 대학지원정책이 대학 간 격차를 더욱 심화시킬 전망이어서 지방소재 대학들의 우려의 소리가 높아지고 있는 것이다.

지방소재 대학들이 단순 비교에 문제가 있다거나 형평성에 어긋난다고 지적하는 공개항목은 학생충원율과 취업률 등을 밝히는 학생 현황과 연구 성과와 산학협력 내용 등을 알리는 교원현황 등이다. 학생충원율의 경우 매년 신입생 자원이 지속적으로 감소돼 통계상 2010년에 크게 줄어들 전망인데다 지역의 고교졸업생들이 지역대를 외면하는 경향이어서 계속 어려움을 겪을 것으로 예상된다.

일본의 경우 학생부족으로 문을 닫는 대학이 나오고 있으며 우리나라도 이미 2백 여 개 4년제 대학 가운데 정원을 채우지 못하는 곳이 속출하고 있으며 지방소재 대학들의 비인기 학과들은 추가모

집을 통해 겨우 정원을 채우고 있는 실정이다. 이런 추세라면 특히 지방소재 대학들이 내년부터 실시되는 대학정보공개 때 우수 평가를 받기가 어려울 게 뻔하다. 학생 충원율을 높이기 위해선 유사학과의 통·폐합을 통한 구조조정이 불가피한 상황이지만 이미 일부 학과의 통·폐합을 추진하고 있는 일부 대학의 경우 심각한 반대에 부딪히는 등 내홍을 겪기가 일쑤여서 쉬운 일이 아니다.

취업률의 경우도 기업들이 수도권에 집중돼 있는데다 취업시장이 지방대 출신들을 차별하는 실정이어서 지방대학이 불리할 수밖에 없다. 이와 함께 취업률을 산정하는 데도 대기업이냐 중소기업이냐 또는 입사냐 창업이냐는 등 여러 경우가 있을 수 있는데 취업률을 단순 비교해서 대학을 평가하고 서열을 매긴다면 문제가 있다는 지적을 하고 있다.

전임교원 1인당 학생수, 교원확보율, 연구성과, 산학협력내용 등을 공개토록 하고 있는 교원현황도 지방소재 대학들에겐 큰 부담이 아닐 수 없다. 학생등록금에 전적으로 의존, 재정형편이 어려운 대부분의 지방소재 대학들의 경우 교원 채용에 경력이 풍부하고 연구성과가 우수한 교원을 확보하기가 어려운 게 사실이다. 작년 대전·충남지역 대학들의 결산내역을 보면 상당수 대학들의 등록금 의존 비율이 80%안팎에 이르고 있으며 전체 지출항목 중 인건비가 차지하는 비율이 40% 정도가 된다. 이 때문에 지방대학들은 신진위주로 교원을 확보할 수밖에 없고 연구실적이 적은 것은 당연한 결과일 수밖에 없다. 더구나 최근 수도권의 유명대학들이 내년 정보공개 평가를 앞두고 그나마 지방대에 있는 우수교원들을 빼내가고 있다는 얘기마저 들린다.

지방소재 대학들에게 이런 어려움이 있음에도 불구하고 일부 대학에선 총장 선출문제나 교수들의 세력다툼, 연구비집행과 관련된 비리 등으로 내부 갈등을 겪는 한심한 사태까지 빈번하게 벌어져 안타까운 일이다. 지방대뿐 아니라 국립대도 대학간 통·폐합, 대학 법인화 추진 등으로 진통을 겪고 있기는 마찬가지다.

내년의 대학정보공시제 시행뿐 아니라 대학을 둘러싼 각종 환경이 급격히 변하고 있음을 부인할 수 없다. 이 같은 변화에 효과적으로 대처하지 못하면 지방대학의 어려움은 더욱 가중될 것임에 틀림없다. "대학은 망하지 않는다"는 이제까지의 얘기는 이제 변하지 않는 진리일 수 없다. 현재도 어려운 상황이지만 앞으로 5~10년후면 문을 닫는 대학이 나올 것이란 전망도 어렵지 않다. 특히 지방대학들은 신입생 자원의 지속적 감소에 대비하고 국내는 물론 세계적 일류대학들과 어깨를 겨룰 수 있을 만큼 치밀한 생존전략이 없다면 심각한 위기를 맞을 수 있을 것이다. 대학과 학과의 통·폐합 등 구조조정과 함께 학내 제도를 개선하고 엄격한 학사관리로 교육품질을 높여 사회와 기업이 요구하는 세계적 인재양성을 위한 피나는 노력이 필요하다.

최근 대학들이 대학의 국제화를 위해 다각적인 노력을 기울이고 있는 현상은 이 같은 변화에 대비하면서 시대적 요구에 부응하기 위해서 일 것이다. 또한 대학이 해외에 문호를 넓히지 않으면 국제경쟁력에서 뒤질 수밖에 없고 다가오는 위기국면을 벗어나기 어렵다는 절박감에서다. 대학들은 지금 수업의 글로벌화를 위해 외국인 교수 비율과 영어강좌를 크게 늘리고 외국인 학생유치와 교환학생 비율을 높이는 등 대학 국제화에 전력을 쏟고 있다.

영어로만 수업을 진행하는 학과를 늘리면 영어권 국가에서 유학하지 않아도 유학생 이상의 영어실력을 갖춘 전문 인재를 양성할 수 있을 것이다. 조기유학을 포함 매년 20만 명이 해외 유학길에 오르고 작년 미국 대학급 교육기관에만 유학한 학생이 6만 명에 육박하는 한국 실정에서 영어강좌를 늘려가면 영어권 국가에의 유학생을 줄일 수 있고 지속되는 입학생 감소 현상에도 대처할 수 있음은 물론이다. 뿐만 아니라 미국에서 유학할 경우 일 년에 적어도 10만 달러의 경비가 들어가지만 국내에서 영어수업과정을 이수하게 되면 해외유학비의 10~20% 정도의 훨씬 적은 비용으로 원하는 효과를 얻을 수 있을 것이다.

각 대학은 영어강좌를 늘리는 노력과 함께 외국의 유학생을 유치하는데도 적극적인 노력을 기울이고 있다. 일찌감치 대학의 국제화를 지향하고 애써 온 대학들은 중국, 베트남 등 아시아권과 동구권 국가 학생들에게 문호를 넓히는 동시에 외국 유학생에게 장학금을 지급하거나 기숙사를 무료로 제공하는 등 특혜를 주고 있기도 한다. 대전 · 충남지역 대학들도 나름대로 대학 국제화를 위한 노력을 하고 있다. 그 중에서도 특히 배재대학교는 수년 전부터 중국지역에 진출 공격적으로 유학생을 유치하면서 세계적 명문대학으로의 도약을 준비, 이목을 끌고 있다. 현재 중국 유학생을 주축으로 외국 유학생이 1천명에 육박하고 있으며 궁극적으로는 1만 명을 목표로 뛰고 있는 배재대학교의 국제화 계획을 기대해 볼만하다. 대학의 국제화는 대학의 다양성과 특성화를 구현하고 대학의 국제경쟁력을 높이는 한편 감소하는 내국인 학생을 대체하는 다각적 효과를 거둘 수 있다. 대학들의 변화는 불가피하고 그 변화를 위해 각고의 노력을 쏟아야 할 때다.

목요언론 2007 · 6호

뉴스 뒤에 숨은 뉴스

기자생활을 하다보면 뉴스를 취재하거나 보도하는 과정에서 뜻하지 않은 갖가지 일에 부딪혀 밝혀지지 않은 뒷얘기들이 많이 있게 마련이다.

독자들이나 시청자들은 지면이나 화면에 나타난 뉴스만 보지만 그 뉴스가 지면이나 화면에 탄생되기까지에는 많은 우여곡절을 겪으며 다듬어지고 걸러져 뉴스 뒤엔 보이지 않는 사연들이 얽혀있는 경우가 많다.

기자들은 자기가 취재하고 쓰는 기사가 국가이익이나 지역이익 또는 사회에 어떤 영향을 미치게 될지를 생각하며 고민하고 갈등을 겪게 되는 때가 있다.

그 기사가 보도됐을 때 국가이익이나 지역이익 또는 사회에 미칠 영향이 긍정적일지 혹은 부정적 일지를 가늠하며 사후 파장을 염려하기 때문이다.

지역이익과 뉴스

오래전의 일이긴 하지만 한번은 지방에서 건삼을 만들기 위해 인삼을 건조하는 과정이 비위생적인데다 효과를 알 수 없는 약품까지 사용, 이 때문에 인체에 해로울 수 있다는 기사가 올라왔다.

지금은 그런 일이 있을 수 없겠지만 그 당시엔 원시적 생산시설에서 소규모로 작업을 하던 때여서 그럴 수도 있었겠지만 확실히 문제는 있었다.

하지만 그때만 하더라도 인삼은 우리나라 수출 품목에서 중요한 자리를 차지하고 있었다. 만약 이 기사가 보도되면 국내소비는 말할 것도 없으려니와 특히 수출에 막대한 타격을 입어 지역이익은 물론 국가이익에 악영향을 미칠 가능성이 클 것으로 판단됐다.

일단 이 기사의 보도를 유보하고 기사를 쓴 지역주재기자를 전화로 불러

“이 기사가 나가게 되면 국내 소비나 수출에 상당한 영향을 미칠 것으로 예상되는데 어떻게 생각하느냐”

“기사를 보도하기보다 관계당국이나 제조업자들에게 구두로 경고해서 잘못된 제조과정을 개선시키는 방법이 좋지 않겠느냐”고 해서 공감을 얻은 적이 있다.

결국 이 기사는 기사작성 기자의 양해 아래 보도되지 않고 다른 방법으로 잘못을 바로잡아 나가기로 했다.

오래전 일이긴 하지만 이왕 보도되지 않은 기사이기에 정확한 시기나 지역, 기사작성 기자나 기사의 구체적 내용을 밝히지 않고 싶다.

지금은 그때와 언론관이나 가치관 등 사회적 인식과 분위기가 크게 달라져 국익의 훼손이나 사회적 파장 등의 판단기준은 뒷전으로 밀리게 됐다. 극도의 상업주의 팽배로 폭로성 기사, 자극적 기사, 과장된 기사가 횡행하고 있다.

하지만 국익이나 지역이익에 반하거나 또는 사회적 악영향을 염려해서 보도여부를 판단하는 데는 일장일단이 있고 이견이 있을 수 있다.

기사의 보도로 비록 당장엔 국가나 지역이익이 타격을 입을 수

있다 하더라도 장기적으로 보면 기사의 보도가 잘못을 시정하고 개선하는 계기가 돼 결국엔 이득이 될 수도 있기 때문이다.

폭력배와 과잉방어

또 한 번은 조직폭력배와 대치중이던 경찰관이 폭력배에게 권총을 쏴 사회적 물의를 일으킨 사건이 있었다.

경찰관에게 쫓겨 가다 막다른 골목에 몰리자 각목을 들고 대항하는 폭력배를 경찰관이 권총을 쏴 폭력배의 배를 관통시켰다.

생명에는 지장이 없었으나 지역사회에서는 드문 일이었고 사회적 파장을 일으키기에 충분한 큰 사건이었다.

사회부 데스크를 거쳐서 넘어온 기사의 내용은 비록 폭력배일지라도 각목을 든 사람에게 권총을 쏜 것은 과잉방어라며 경찰을 비난하는 방향으로 초점이 맞춰져 있었다.

그러나 그 당시 사회상은 전국적으로 조직폭력배가 기승을 부리고 있었고 강절도 사건이 적지 않게 일어나 민심이 흉흉하고 사회가 어수선한 분위기였다. 경찰과 폭력배의 대치 상황 등 그때의 정황을 정확히 알 수는 없었으나 여하튼 각목을 든 사람에게 총을 쐈다는 사실만으로도 과잉방어라는 비난을 면할 수는 없었다. 하지만 그때의 사회상이 경찰의 과잉방어로만 몰아붙이기엔 문제가 있는 것으로 판단됐다.

사회부 데스크와 담당기자를 불러 현사회적 분위기를 보아 일방적으로 과잉방어라고 하면 경찰의 사기에도 문제가 있고 시민들의 여론이나 정서에도 상반되지 않겠느냐고 의논을 했다.

논의 끝에 결국 경찰의 과잉방어와 함께 폭력에 대항하기 위해서는 불가피한 면이 없지 않았다고 기사내용의 방향을 일부 수정해서 보도하기로 했다. 경찰의 과잉방어와 폭력배의 문제를 모두 비판하기로 한 것이다.

이처럼 같은 사건이라도 시대와 사회분위기에 따라선 기사의 방향이 달라질 수도 있다.

뉴스감각과 특종

또 한 번은 어처구니없는 일이 있었다. 퇴근해보니 집에 도로사용료 고지서가 배달돼 있었다. 집을 짓거나 고치느라 도로를 점용한 사실도 없고 길에 물건을 내놓거나 방치한 일도 없어 이상하게 생각됐다. 이튿날 시청 출입 기자에게 어떻게 된 일인지 알아봐 달라고 부탁을 했다.

그런데 다음날 깜짝 놀랄만한 일이 생겼다. 서울에서 발행되는 일간지 전국판 사회면 머리기사로 이 내용이 크게 보도된 것이다.

그 때는 아직 하수도 사용료가 부과되기 전이었는데 새로운 세원을 발굴하기 위해 전국에서 처음으로 대전의 일부지역에 시험적으로 도로사용료라는 이름으로 하수도 사용료를 부과했던 것 같다.

지금은 하수도 사용료를 모두 내고 있지만 당시는 처음이어서 기사의 내용은 당연히 비판적일 수밖에 없었고 전국적으로 파장이 컸던 것으로 기억된다.

아마 나의 부탁을 받은 기자가 이 사건내용을 알아보는 과정에서 중앙지 주재기자가 옆에서 보고 보충취재를 해서 특종을 하게 된 것 같았다.

특종은 이렇게 우연한 기회에 쉽게 되고 기사의 기사감각이 얼마나 중요한지를 말해주는 사건이었다고 생각한다. 직접 문의한 기자는 제대로 문제점을 인식하지 못하고 흘려보냈는데 곁에서 지켜보던 기자가 특종을 하게 된 것이다.

기자생활 중에 있었던 몇 가지 기억나는 일들을 적어봤다. 지금도 기자는 예민한 뉴스감각을 가지되 자기가 취재하고 쓰는 기사가 어떤 영향을 미칠지를 깊게 인식하고 신중해야 한다는 생각엔 변함이 없다.

목요언론 2008 · 7호

금강 살리기, 그 계획의 전모

4대강 살리기

그동안 논란이 많았던 4대강 살리기 사업이 본격적으로 진행되고 있다. 지난 6월 8일 국토해양부, 환경부, 문화체육관광부, 농수산식품부 등 범정부적으로 추진해온 4대강 살리기 종합사업계획이 확정 발표된 이후 각 강별로 일제히 사업에 착수했다.

한강, 낙동강, 금강, 영산강의 4대강 살리기 사업에는 본사업비 16조 9천억 원과 직접 연계사업비 5조 3천억 원을 포함해 모두 22조 2천억 원이 투입된다.

본 사업과 직접 연계사업으로는 5억8천㎥의 하천준설, 16개의 보설치, 537㎞의 생태하천조성, 377㎞의 제방보강, 5개소의 댐과 홍수조절지 설치, 1,206㎞의 자전거 길 조성 등이 추진된다.

이밖에 연계사업으로 4대강유입 지방하천 정비와 농수산식품부의 금수강촌만들기, 문화체육관광부의 문화가 흐르는 4대강 조성, 산림청의 4대강 유역 산림정비, 소방방재청의 4대강유입 소하천 정비 등이 포함돼 있다.

4대강 본류의 준설과 보설치 등 핵심 사업은 2011년까지 완료하고 댐 · 농업용 저수지공사와 지류정비 등 연계사업은 2012년까지 완료할 계획이다. 공사는 6월부터 11월까지 단계적으로 발주해서 10월부터 순차적으로 착공할 예정이다.

사업의 규모로 보나 사입비로 보나 단군이래 최대의 공공사업이라고 할만하다. 더구나 여기에 연계사업관련 비용은 반영되지 않아 전체 사업비는 더 늘어날 전망이다.

4대강 살리기 사업 조감도. 4대강 살리기 사업은 4대강은 물론 섬진강과 13개 주요 국가하천을 아우르는 대규모 프로젝트다.

정부는 4대강 살리기 사업에 기후변화 대비, 자연과 인간의 공생, 지역균형 발전, 녹색 성장기반구축, 국토재창조 등 5개 핵심과제를 설정했다. 이 같은 과제를 실현하기 위한 사업의 초점을 가뭄, 홍수, 수질 등 물문제를 해결하는데 맞췄다. 정부는 4대강 살리기를 통해 연간 13억t의 물을 추가로 확보할 수 있을 것이라고 했다. 이를 위해 총 16개의 보를 설치하고 댐을 증설하며 농업용 저수지 96개의 둑을 높이기로 했다.

또 홍수조절 능력을 높이기 위해 9억 2천만t의 용량을 확보해서 200년 주기의 대홍수에도 대응이 가능토록 했다. 이 목표를 달성하기 위해 하천바닥의 퇴적토 5억 7천만t을 준설하고 홍수조절지 및 강변저류지 설치와 노후제방을 보강키로 했다. 최근 5년간 4대강 유역의 홍수로 인한 피해가 연평균 1조 5천억 원이나 되고 투입된 복구비가 연 2조 4천억 원이나 돼 충분히 경제성이 있다고 했다.

이와 함께 본류의 수질을 평균 2급수로 개선하겠다고 했다. 오염도가 높은 34개 유역을 체계적으로 관리하고 하수처리시설 750곳

4대강 살리기 사업은 홍수조절 능력을 키울뿐 아니라 수변공간 접근성을 높여 시민들에게 문화 · 휴식공간을 제공한다. 한강 반포대교 일대.

을 확충하는 한편 산업단지 및 농공단지의 폐수종말처리시설 46곳을 신 · 증설 한다고 했다.

또 하천을 자전거길 조성과 체육시설 등을 통해 생활, 여가, 관광, 문화가 어우러지는 다양한 기능의 복합공간으로 개조하는 한편 연계사업을 통해 지역발전을 도모할 수 있을 것으로 내다봤다.

무엇보다 본사업과 직접연계사업으로 34만개의 일자리가 창출되고 생산유발효과도 40조원에 이를 것이라고 했다.

이렇게 되면 물부족과 홍수피해를 해결하고 수질개선과 생태하천 조성으로 국민 여가수준과 삶의 질이 향상되는 동시에 세계적 녹색국가로 발돋움할 날이 머지않을 것으로 기대할 만하다.

금강 살리기

대전지방국토관리청은 4대강 살리기 사업의 마스터 플랜이 확정됨에 따라 금강살리기 사업의 세부시행계획을 마련하고 본격적으로 추진하고 있다.

금강살리기 사업에 투입되는 예산은 총 2조 8천 921억 원으로 본사업에 2조 4천 727억 원, 직접 연계사업에 3천 181억 원 및 용담댐과 대청댐 하류부 사업에 1천 13억 원이 투입될 계획이다.

금강 본류사업에는 1조 6천 598억 원의 사업비를 투입하여 2011년까지 완료할 계획이다.

우선 5천 772억원을 들여 41개소 124㎞의 생태하천이 조성된다. 생태복원을 위해선 생태하천조성뿐 아니라 하천내의 농경지 정리 및 생태습지 조성사업이 6개소에서 10㎞에 걸쳐 추진된다.

또 3천 720억 원을 들여 0.5억㎥의 하도를 정비하고 2천 371억원을 들여 26개소 71㎞의 제방을 보강한다. 하도정비와 제방보강등을 통해 홍수조절 용량도 1억㎥를 늘릴 계획이다.

부여보와 금강보, 금남보 등 3개의 자연형 보를 설치하는데 2천 23억 원이 투입된다. 이 3개의 보가 설치되면 용수 확보량이 0.5억㎥가 늘어날 전망이며 신설되는 보는 특히 생활과 여가, 관광, 문화가 어우러지는 랜드마크로 조성될 계획이다.

또 303억 원을 들여 248㎞의 자전거길도 조성한다.

이밖에 1천 362억 원이 투입되는 수질개선사업과 6천 767억 원을 들여 추진되는 30개소 저수지의 재개발 사업은 2012년까지 완료할 계획이다.

수질개선을 위해선 하 · 폐수처리장 63개, 마을하수도 133개소, 하수관거 68개를 확충하고 가축분뇨처리시설 6개를 신 · 증설한다.

금강본류뿐 아니라 지류도 단계적으로 정비된다. 금강에 직접 유입되는 지방하천 94개소 588㎞를 정비할 계획이며 335㎞의 제방이 축조되거나 보강된다. 117㎞의 하도가 준설되고 136㎞의 하천이 생태하천으로 조성된다. 특히 공주와 부여를 잇는 뱃길 67㎞도 복원될 전망이다.

금강살리기 사업은 계획된 방법과 짜여진 일정에 따라 속도를 낼 것으로 보인다.

경작지 등 사업편입지에 대한 기본조사는 6월중 마무리하고 7월부터는 시군이 정부와 체결한 보상위 수탁계약에 의해 보상에 착수하는 한편 사업구간에 대한 문화재 조사, 환경영향평가 역시 사업착수 이전에 완료할 계획이다.

이미 시행된 문화재 지표 조사결과 금강본류 및 주변지역에선 모두 450건의 매장문화재 분포지가 확인됐으며 해당 지역에 대해선 녹지공원을 조성하거나 문화재발굴작업 등을 할 계획이다.

금강살리기 사업중 보, 주요구조물 등이 포함돼 있어 면밀한 사업관리가 필요한 지역은 4~5개 지구로 나누어 설계시공 일괄입찰 방식으로 대전지방국토관리청이 직접 시행한다.

나머지 지역은 경쟁입찰 방식의 기타 공사로 발주하기 위하여 실시 설계중에 있으며 설계결과를 바탕으로 규모별로 다양한 업체가 참여할 수 있도록 공구를 분할하여 지자체에 사업을 위탁해 시행할 계획이다.

금강살리기 사업을 2011년까지 차질없이 완료할 수 있도록 구조물이 포함되는 등 사업추진이 시급한 공주 · 부여 지역 등 2개지구는 설계시공 일괄 입찰 방식으로 6월말 발주하여 10월말 착공할 계획이다. 그 외의 사업들은 발주설계를 거쳐 금년 10~11월과 내년 2~3월 2단계로 나누어 순차적으로 착공할 예정이다.

정부는 녹색성장기반 조성과 침체된 경기부양을 위해 4대강사업에 지역업체 참여를 활성화시킬 방침으로 지역의무공동도급제를

4대강 살리기는 강을 살려 도시 사람들의 사랑을 받게 하기 위한 사업이다. 여가공간으로 조성될 금강(충남 연기군)

확대실시할 계획이다. 이 같은 방침에 따라 지역업체의 의무적 참여를 제도적으로 담보하기 위하여 입찰공고일 이전 90일 이상 소재한 지역업체를 기준으로 최소참여비율을 일괄입찰공사는 20%, 일반공사는 40%(가점 포함시 50%)까지 올리는 방안을 마련중에 있다.

정부는 지난 6월 12일 충남 연기군 둔치에서 금강살리기 행복지구 생태하천 조성사업을 착공했다. 4대강 살리기 프로젝트의 첫 사업이라 할만한 이 사업은 행정중심복합도시 일원을 가로지르는 금강 13㎞와 미호천 4.3㎞ 등 총 17.3㎞ 구간을 친환경 생태하천으로 조성하는 사업이다.

이 사업은 행정중심복합도시를 청정한 수변공간과 어우러진 명품도시로 꾸미기 위한 것으로 2011년까지 2천 45억 원이 투입된다. 홍수방지용 둑 23㎞의 축조 및 보강, 40만 8천㎢의 습지조성, 28.8㎞의 자전거길과 30.8㎞의 산책로 개설, 수력발전이 가능한 보 설치 등이 추진된다.

충남도는 이번 사업을 통해 홍수와 가뭄예방은 물론 침체된 지역 건설경기 회복에 큰 보탬이 될 것으로 전망했다.

대전 3대하천 복원

2002년부터 대전시가 자체적으로 진행해온 3대하천 생태복원사업의 기본계획이 대부분 정부의 4대강 살리기 마스터 플랜에 포함된데다 대전천의 목척교 복원 및 르네상스사업, 갑천 첨단문화 관광벨트사업등도 대거 반영돼 국비지원폭이 크게 늘었다.

정부의 4대강 살리기 본사업비 16조 9천억 원 중 총 8천 845억 원을 대전시가 지원받게 돼 부산 894억원, 인천 26억원, 대구 607억 원, 광주 590억 원 등 타 시에 비해 월등히 높다.

사업별로는 금강 본류인 대청댐에서 행정중심복합도시까지 20㎞구간을 포함 갑천과 유등천 복원사업에 6천 643억 원, 환경부 고도처리시설과 갑천 첨단문화관광벨트 연관사업 등에 642억 원, 목척교복원과 르네상스사업 등에 530억 원, 7개지천 복원사업에 1천 30억 원 등이 투입된다.

정부는 3대하천 중 국가하천인 갑천과 유등천 복원에 시의 기본계획을 토대로 금년 8월까지 실시설계를 마무리하고 5개 공구로 나누어 발주할 계획이다.

대청댐-행복도시 간 20㎞구간은 퇴적토준설은 물론 생태하천조성, 유원지개발, 나루터설치 등 문화복원을 할 계획이다.

또 대전의 7개 지방하천인 시구의 매노천, 유성구의 유성천 관평천 · 탄동천, 동구의 대전천, 대덕구의 용호천, 중구의 정생천 등 총 28.5㎞가 지천사업에 포함돼 있다.

드러난 문제점

4대강 살리기 마스터 플랜이 발표된 후 각계 의견을 충분히 수렴했다고는 하지만 논란이 끊이지 않고 있다.

최근 이명박 대통령이 "한반도 대운하 사업을 임기 내에는 추진하지 않겠다"고 완전 포기를 분명히 함으로써 논란이 가라앉을 것으로 예상은 되지만 그동안 4대강 살리기가 한반도 대운하의 기초다지기가 아니냐는 의문이 끊임없이 제기돼 왔다. 4대강 살리기 사업이 화물선운항을 위한 갑문, 터미널 등의 설치계획이 없고 수심과 저수로 폭도 일정하지 않아 대운하와 다르다고 설명을 해도 낙동강 320㎞를 폭 200m에 수심 6m로 준설하고 보를 설치하는 것은 대운하로 볼 수밖에 없다며 의문을 제기하고 있다.

4대강 살리기를 통해 수질을 2급수 정도로 높일 것이라고 하지만 오히려 수질이 악화될 것이란 지적이 있다. 16개의 보를 설치토록 돼있는데 보를 설치하면 물의 흐름이 막히고 물이 고이면 수질이 악화된다는 주장이다. 또 수질오염은 주로 지천에서 비롯되는데 본류를 우선 정비한다면 수질이 개선되겠느냐, 퇴적토를 일시에 준설하면 상수원 등 강물의 오염은 물론 생태계가 훼손되지 않겠느냐는 의문이다. 이에 대해 정부는 진공흡입식 준설공법을 도입해 공사 중 흙탕물 발생을 줄이고 멸종 위기종을 증식 방류함으로써 생태계 교란을 막겠다고 했다.

투자효율성을 고려 4대강 본류 및 지류를 우선 정비하고 나머지 하천은 2010년까지 단계적으로 정비할 계획인데 그렇게 해서 효과적으로 홍수를 예방할 수 있겠느냐는 의문도 제기됐다. 그러나 정부는 본류를 먼저 정비하는 것은 대도시가 인접한 4대강 본류에 홍수가 나면 광범위한 피해가 우려되고 본류에 과도하게 쌓인 퇴적물로 인해 물이 지류로 역류할 경우 지류에도 함께 피해가 발생하기 때문이라고 했다.

특히 금강권 주민들은 금강살리기 사업비가 낙동강 사업비 9조 7천 875억 원에 비해 3분의 1도 안돼 잦은 수해나 인구, 산업밀집도 등을 감안하더라도 너무 적은 게 아니냐는 불만을 토로하고 있다. 충남도는 당초 본사업비와 연계사업비를 포함해 모두 4조 6천 762억 원을 건의했으나 연계사업비가 크게 축소돼 3조 4천억 원 수준에서 확정됐다. 충남도는 역사와 문화가 흐르는 금강살리기를 위해선 연계사업이 충분히 반영돼야 하는데 그렇지 못해 금강살리기가 제대로 이뤄질지 우려하고 있다.

또 금강살리기의 핵심적 사항이라 할만한 금강하굿둑의 수질개선사업이 금강살리기 사업계획에 포함되지 않아 논란이 일고 있다. 금강은 지난 90년 완공된 금강하굿둑에 막혀 고인물이 됐으며 한국농어촌공사의 자체조사로도 금강하구역에 연간 80만㎥의 토사가 퇴적되고 있어 10년 후에는 수질이 5급수 이하로 떨어져 농업용수로도 사용할 수 없다는 진단이다. 토사퇴적으로 저수량이 감소돼 담수어종감소, 저층수어류의 멸종은 물론 녹조현상과 저산소, 무산소층 형성 등으로 연안어장의 황폐화 가능성이 농후하다는 것이다. 특히 배수갑문시설이 군산 방향으로만 돼있어 서천방향의 1,127m구간은 퇴적이 가속되고 있는 실정으로 금강을 제대로 살릴려면 하굿둑의 해수유통이 돼야 하는데 금강살리기 사업에 이 문제를 해결할 방안이 빠져 있다는 것이다.

앞으로 금강살리기 사업의 공사가 본격적으로 발주되겠지만 대전지역 업체들의 참여가 불투명하다는 점도 논란이 되고 있다. 정부는 경제를 활성화하기 위해 4대강 사업에 지역업체의 의무적 참여를 제도화하는 지역 의무공동도급제를 시행할 계획이다. 그러나 충남북소재 업체의 참여는 당연하지만 인접한 대전업체의 참여가 불가능할 것으로 보여 이에 대한 해결책이 마련돼야 한다는 소리가 높다. 금강살리기 사업의 지역업체 참여문제가 지역간 갈등으로 비화될 소지가 있다는 것이다.

4대강 살리기 마스터 플랜이 짧은 기간에 작성돼 연구가 불충분하고 부실하다는 지적도 일고 있다. 정부는 그동안 광범위하게 축적된 수자원 분야 연구 및 기초조사결과를 토대로 전문연구기관인 한국건설기술연구원 주관으로 국토연구원, 수자원공사 등 다양한 기관이 함께 연구를 수행했으며 지자체로부터 지역이 원하는 사업을 건의 받아 사업계획에 반영하는 등 만전을 기했다고 했다. 하지만 일부 전문가들의 우려는 가시지 않고 있다.

공사기간도 논란이 되고 있다. 금년 10월에 착공해 2011년 말 본 공사를 완공할 계획인데 2년 남짓한 기간에 공사를 끝낼 수 있겠느냐 는 의문을 제기하는 전문가도 많이 있다. 환경영향평가 등 적법 절차를 밟는데도 기간이 너무 짧아 부실우려가 있다고 했다. 대규모 토목공사를 단기간 내에 끝내려면 동시다발적으로 서둘러 진행할 수밖에 없어 이 과정에서 각종 부작용이 발생할 가능성을 배제할 수 없는데 왜 이렇게 서둘러 완공해야 하는지 우려를 표하고 있다.

정부는 공사발주와 사업편입지 보상 및 민원해결, 보 건설과 준설, 이에 따른 생태대책, 사고예방대책, 공정관리 등 전 과정에 만

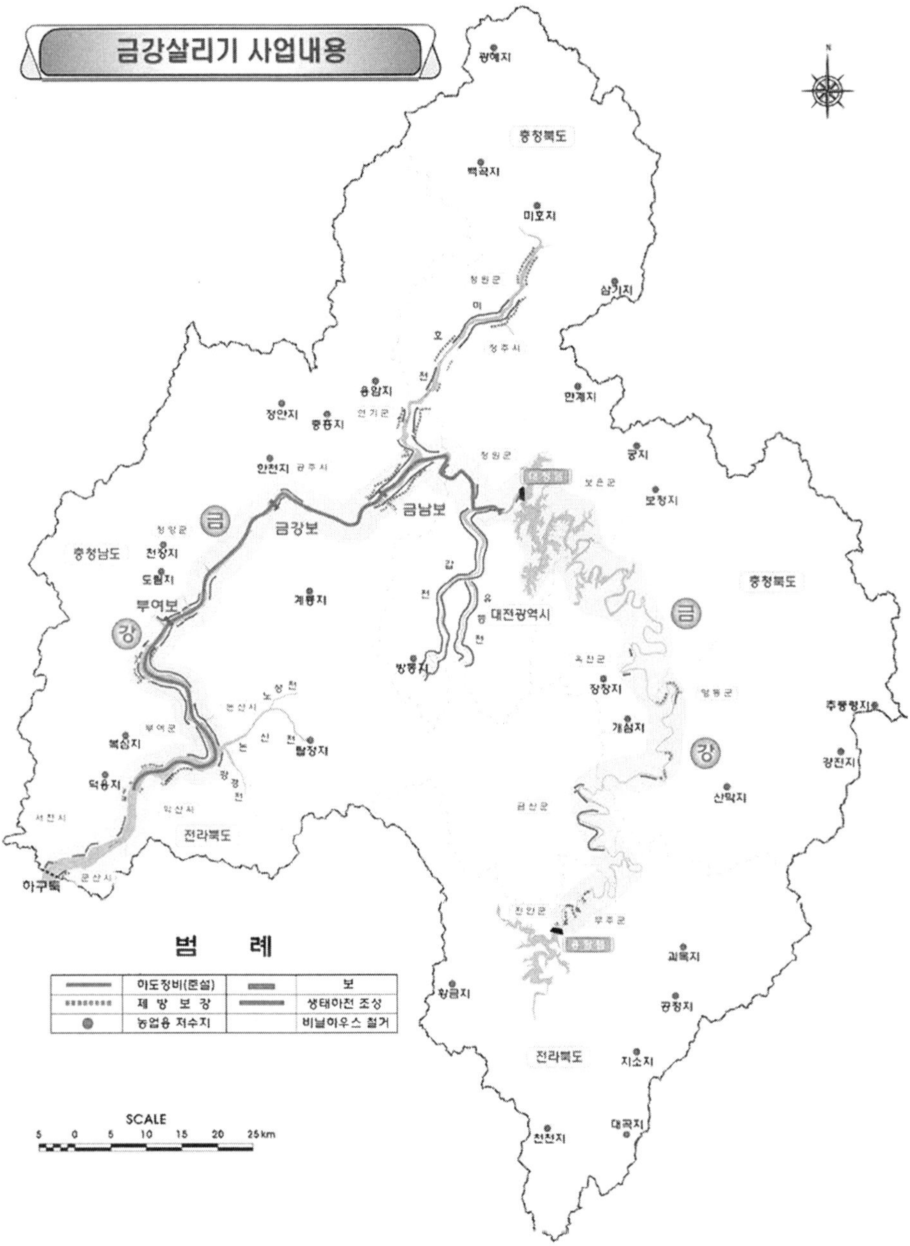
금강살리기 사업내용
광혜지
충청북도
백곡지
미호지
삼기지
미호천
용암지
만계지
정안지
궁지
보청지
안전지
금남보
금강보
충청남도
천장지
도림지
부여보
계룡지
갑천
유등천
대전광역시
충청북도
금강
방동지
장찬지
개심지
추풍령지
노성천
논산천
탑정지
복심지
덕용지
강경천
산막지
경천지
전라북도
하구둑
범례
하도정비(준설)
보
제방보강
생태하천 조성
농업용 저수지
비닐하우스 철거
괴목지
황금지
공정지
전라북도
지소지
대곡지
천천지
SCALE
5 0 5 10 15 20 25km

전을 기해야할 것이다. 지금이라도 드러난 문제점과 미흡한 점은 충분한 연구와 논의를 거쳐 개선할 점은 개선하고 의문점엔 국민을 적극적으로 설득 4대강 살리기 사업이 잡음 없이 성공적으로 진행되도록 해야 할 것이다.

목요언론 2009 · 8호

대전지역 일간지가 17개라니…

지방언론이 활성화돼야 지방이 발전할 수 있고 지방자치를 통한 민주주의도 제대로 정착될 수 있음은 두말할 필요조차 없다.

그러나 지방언론이 독자이탈, 경영악화 등으로 어려움을 겪어오며 위기를 벗어나지 못하고 있다니 안타까운 일이다.

더구나 날이 갈수록 지방언론의 위기가 계속, 심각성을 더해가며 앞이 보이지 않고 있다는데 더욱 문제가 있다.

현재 지방언론은 매체증가—과열경쟁—독자이탈—광고수주난—경영악화—저임금—인력난—질적 저하—경쟁력 약화 등의 악순환이 이어지며 열병을 앓고 있다고 해도 과언이 아니다.

이 같은 원인은 우선 근본적으로 신생사나 기존사나 지방언론사의 자본과 인력 등의 기반이 대체로 취약하다는 점을 들 수 있다.

다음은 중앙과 지방 등 지역간, 신문간이나 또는 신문과 방송간 등 동종간은 물론 이종간에도 수많은 매체간의 경쟁이 과격화 하는데 문제가 있다.

또한 지역에 따라 사정이 다를 수 있겠지만 대부분의 지방언론이 지역의 기업이 빈약한 가운데 좁은 광고시장에서 광고 획득에 어려움을 겪고 있다는데 원인이 있는 것으로 분석되고 있다.

우선 언론매체수가 너무 많다. 신문법, 잡지법 등의 규제완화로 각종 매체의 신설이 쉬워지자 우후죽순격으로 수많은 언론매체가 등장하고 있다.

대전시의 경우만 보더라도 금년 8월말 현재 일간신문이 17개, 주간신문이 41개, 인터넷신문이 54개, 잡지가 76개로 방송을 제외한 언론매체가 모두 188개나 된다. 시에 등록한 매체가 이럴 뿐 등록이 안 된 채 발행하는 소규모 매체의 수도 적지 않을 것으로 짐작된다. 대전시민 중엔 대전에서 발행되는 일간신문이 17개나 된다고 하면 깜짝 놀랄 사람들이 많이 있을 것이다. 이름조차 모르는 일간신문들이 많이 있기 때문이다.

더욱 문제는 이 같은 각종 매체가 날이 갈수록 계속 증가추세를 보이고 있다는데 있다. 대전시의 경우 작년도와 비교해보면 일간신문이 13개에서 일년 사이에 4개가 늘었고 주간신문은 42개에서 41개로, 잡지는 77개에서 76개로 각각 1개씩 줄었지만 인터넷신문은 40개에서 54개로 무려 14개나 엄청나게 늘었다.

충남도의 경우는 지난 8월말 현재 일간신문이 1개, 주간신문이 71개, 월간신문이 20개, 잡지도 격월간이 2개, 계간이 11개, 연 2회간이 10개 인터넷신문이 62개, 인터넷뉴스 서비스가 1개 등 도에 등록한 언론매체가 모두 178개나 된다.

충남도에 등록된 일간지가 1개밖에 안 되는 것은 대부분의 일간신문이 대전시에서 발행하되 대전 · 충남 · 북 등 충청지역을 배포지역으로 하고 있기 때문이다. 또 주간신문이 70여 개로 많은 것은 시 · 군 단위를 배포지역으로 하는 지역 주간지가 많기 때문으로 분석된다.

충남도 역시 매체의 증가추세는 마찬가지여서 작년 한 해에만 일반주간신문이 6개, 특수주간신문이 12개, 인터넷신문이 15개, 잡지가 6개 등 39개의 매체가 새로 등록을 했다.

대전시나 충남도나 동일하게 종이신문보다 인터넷신문 등록이 크게 증가하는 추세에 있으며 이 같은 현상은 앞으로도 계속될 것으로 보인다.

이에 반해 등록을 취소하고 문을 닫는 매체들도 적지 않다. 대전시의 경우는 작년 한 해 동안 주간신문과 잡지가 각각 1개씩 폐간된데 그쳤지만 충남도의 경우는 일반 주간신문 17개, 특수 주간신문 10개, 인터넷신문 7개, 잡지 12개 등 모두 46곳이 등록을 취소했다.

그리고 일간, 주간 신문, 잡지의 경우 등록은 했으나 당초의 계획대로 정기적으로 발행을 하지 못하는 사례가 적지 않다. 이 같은 현상은 주된 원인이 대부분 경영난 때문인 것으로 알려졌다.

이렇게 일부 언론매체가 사라지고 있지만 새로 생겨나는 매체가 더 많아 지역에 등록되는 매체가 계속 늘어나고 있는 게 사실이다. 여기에 방송과 TV, 중앙에서 전국을 배포지역으로 하는 수종의 유력 일간지를 비롯한 각종 매체들을 감안하면 지방에 얼마나 많은 매체가 유통되고 있으며 얼마나 많은 정보가 홍수를 이루고 있는지 짐작할 만하다.

신문의 경우 언론사가 난립한 지역일수록 과잉 출혈경쟁으로 단위사의 구독률이 떨어지고 광고수주량이 줄어들게 돼 언론사들의 경영압박이 가중될 수밖에 없는 것은 뻔한 이치다. 여기에 중앙사들의 각종 경품, 상품권, 현금, 무가지살포 등 물량공세로 수단방법을 가리지 않는 판촉경쟁 때문에 지방언론은 더욱 위축될 수밖에 없다.

또한 정보기술의 급진적 발달로 미디어환경이 계속 변화하면서 정보의 습득 방법이 다양해져 기존의 언론매체들이 인터넷에 독자를 잠식당해 더욱 어려움을 겪고 있다.

언론의 역할과 기능엔 여러가지가 있겠지만 권력을 감시하고 비판하며 사회적 비리를 드러내 여론을 환기시키는 등 사회적 정의를 바로 세우는데 있다고 할만하다.

그러나 재정이 튼튼해야 제대로 권력을 비판할 수 있고 사회적 비리를 들춰낼 수 있다. 재정난으로부터 자유스러워야 논조도 바르고 언론의 정도를 지켜갈 수 있다. 언론이 재정난을 겪게 되면 지자체와 유착, 제기능을 발휘하기 어려울 수 있다. 또 지역언론이 위축되면 지역의 목소리도 따라서 위축될 수밖에 없다.

언론사의 이윤추구가 불가피하지만 지나치게 상업성에 치우치면 선정적, 엽기적 보도로 정보를 왜곡할 수도 있고 또 윤리성에 상처를 입어 신뢰성을 잃기 쉽다. 언론사의 재정난은 사이비언론으로의 전락을 부추길 수도 있고 윤리의 한계선상에서 고민하는 언론인을 양산할 수도 있다.

언론의 기본요건인 정확성, 공정성, 형평성, 윤리성, 전문성을 잃으면 신뢰를 받지 못하고 제기능을 발휘하지 못할 뿐 아니라 종국엔 독자를 잃게 된다.

원칙론적인 얘기긴 하지만 어려운 상황에서도 언론이 제기능을 수행하며 정도를 걸어야 독자나 광고주로부터 신뢰를 받아 보급도 되고 광고도 수주, 재정이 튼튼해질 것이다.

지방언론이 위기를 맞고 있다. 전국지와 지방지 등 각종 언론매체가 공존, 공생하는 길은 없을까…. 혼탁한 언론시장을 정비, 건전하고 질서있는 토양 위에 서게 할 수는 없을까….

목요언론 2009 · 9호

나에게 은퇴는 없다

우리나라는 세계에서 가장 빠른 속도로 고령화가 진행되고 있는데 이에 대한 대비가 충분치 않아 심각한 사회문제로 대두되고 있다.

고령화현상의 심화는 평균수명이 계속 늘어나는데다 출산율이 낮기 때문이다.

지난해 말 기준으로 국민의 기대수명은 남자 77세, 여자 84세로 평균 80.7세다. 영아 사망과 유년기 사고사 등을 감안하면 실제 사망연령은 86세가 된다.

한 연구소의 분석에 의하면 앞으로 평균수명이 2년마다 1년씩 늘어나 현재의 중장년층은 100세 안팎까지 살 가능성이 높다고 한다. 흔히 말하듯 100세 장수시대를 맞게 된 것이다.

이 같은 추세로 노인 인구가 급격히 증가하면 올해 11.8%인 우리나라 노인인구 비중은 2040년에 32.3%, 2060년엔 40%가 넘을 것으로 예측되고 있다.

노인인구가 이처럼 가파르게 늘어나고 있지만 국민의 노후생활을 보장할 제도적 장치가 크게 미흡한 실정이다.

우선 퇴직 정년이 너무 이르다. 2011년 5월 통계청 조사에 따르면 평생 가장 오래 일한 직장을 떠나는 시기는 70~79세에 5%, 60~69세에 23.7%, 50~59세에 43.1%, 40~49세에 17.5%, 30~39세에 5.1%, 30세 미만에 5.6%로 우리나라 근로자의 평균 퇴직연령이

60.7세로 나타났다. 직장을 떠나는 데는 여러 사정이 있겠지만 50대에 퇴직자가 가장 많은 것은 대개 이 시기에 정년퇴직을 한다는 것을 알 수 있다.

2011년 가계금융조사에 의하면 우리나라 퇴직자 가구는 272만으로 추산돼 7가구 중 1가구 꼴이 된다. 하지만 이제 베이비붐 세대의 퇴직이 시작돼 앞으로는 더욱 늘어날 전망이다.

외환위기 이후 지금까지 우리 사회엔 사오정(45세 정년)이니, 오륙도(56세까지 직장에 다니면 도둑)니 하는 말이 유행할 정도로 직장인들이 조기 퇴직의 압박을 받아온 게 사실이다. 그러나 조기 퇴직을 않고 정년퇴직을 하더라도 대부분의 퇴직자는 자신의 퇴직이 너무 이르며 아직 일할 수 있는 여력이 있다고 생각할 것이다.

지금대로 대부분이 20대 후반에 취직을 해서 50 · 60대에 퇴직을 한다면 일하며 돈을 벌 수 있는 기간은 30여년밖에 안되고 퇴직 후 수입 없이 또 다른 30여년을 살아가야 한다는 얘기가 된다. 이 퇴직 후 30여년을 어떻게 살아가야 할 것인가가 누구에게나 두렵고도 어려운 과제가 아닐 수 없다.

누구나가 퇴직 후 보람 있게 하고 싶은 일을 하면서 소득도 창출하고 사는 평생 현역생활을 원할 것이다. 그러나 뜻대로 살아가기는 쉬운 일이 아니다.

준비를 못하거나 미흡한 채 닥친 퇴직 후 시대를 맞는 사람들은 불안하지 않을 수 없다. 많은 퇴직자들이 가난, 질병, 무기력, 고독 등에 시달리며 살아가고 있는 게 사실이다.

올해 복지부가 조사한 우리나라 국민의 노후준비지표는 100점 만점에 평균 55.2점으로 노후 삶의 질이 매우 낮은 것으로 나타났다.

우리 생애주기를 교육, 고용, 노후로 크게 나눈다면 학업기간이 너무 길 뿐 아니라 지나친 투자를 하고 고용기간은 너무 짧고 불안정해 노후 준비가 충분치 않은 게 사실이다.

한 연구기관의 조사에 의하면 더구나 부모가 자녀를 독립시킨 뒤 본격적으로 노후 준비를 할 수 있는 기간은 8.7년에 불과한 것으로 분석했다.

노후 생활에서 가장 큰 장애는 경제적 어려움이다. 현재 우리나라 노인 빈곤율이 45.1%로 OECD회원국 중 가장 높은 것으로 알려졌다.

많은 사람들이 노후 준비에 가장 큰 걸림돌은 자녀들의 과도한 양육비와 교육비, 그리고 결혼비용이라고 한다. 가계소비에서 교육비가 차지하는 비중이 너무 큰데다 자녀 결혼을 위한 혼수, 주택 마련 등에 수천만 원의 빚을 지는 경우도 적지 않다고 한다.

더구나 근래 결혼과 출산 연령이 계속 높아지고 있어 퇴직 후에도 자녀의 결혼 등에 막대한 비용이 들어가 의식주 같은 기본 생활 여건을 충족할 여유 없이 노후를 맞는 경우가 늘고 있다고 한다.

국민연금이 퇴직 후 생활에 도움이 되지만 국민연금 가입자가 40%에 불과해 연금 혜택을 누리는 사람은 많지 않다. 더구나 연금을 받는다 해도 필요한 생계비에 턱없이 부족한 경우가 많다. 노인 소득 가운데 연금소득은 15%에 불과하고 근로소득이 58%를 차지하는 것으로 조사됐다.

또 직장에서 물러난 후 퇴직금 이자로 생활하는 경우도 있으나 금리가 낮아 노후생활을 보장하기 어렵다. 그러니 노후생활이 팍팍할 수밖에 없다.

경제적 어려움만이 문제가 아니다. 많은 사람들이 퇴직 후 경제적 어려움보다 정신적 공황이 더 무섭다고 들 한다. 우선 건강을 유지할 수 있어야 하고 사회적 활동이나 심리적 안정 등 비경제적 요소도 행복한 노후생활을 위해 필수적이다.

이 같은 요소를 충족하기 위해선 적당한 취미활동을 할 수 있어야 하고 주위에 어울릴 수 있는 배우자나 친구들이 있어야 한다. 그렇지 않으면 삶의 행복도가 떨어질 수밖에 없다.

의료계에 의하면 65세 이상 노인의 15~25%가 일상생활에 지장이 있을 정도의 우울증을 앓고 있다고 한다. 노인 우울증의 대부분은 퇴직 후 지난날의 역할이 상실된 데 따르는 허탈감, 무기력, 외로움 등이 주된 원인이라고 한다. 퇴직 후 달라진 생활여건이 주위환경에 쉽게 적응을 못하기 때문이다.

또 나이 들며 생기는 신체 변화와 질병도 우울증을 심화시킨다고 한다. 우울증세가 있으면 몸의 특정 부위가 아프거나 잠을 못 이루거나 집중력과 기억력이 떨어지는 등의 증상으로 괴로움을 당하게 된다.

2009년 기준으로 우리나라 노인 10만 명 당 자살자 수는 77명으로 OECD국가 중 최고로 많다. 이렇게 되면 100세 장수시대는 개인적으로나 사회적으로 축복이라기보다 재앙이라 할 만하다.

흔히 직장에서 퇴직을 하면 은퇴(隱退)를 했다고 한다. 그러나 이 표현이 적절한지는 의문이다. 은퇴의 사전적 의미는 “직임에서 물러나 한가히 삶” 또는 “은거하여 한가히 삶”이라고 돼있다. 그러나 직장에서 물러났다고 해서 30여 년 동안을 은거해서 한가롭게 살 수는 없다. 영어에서 은퇴를 의미하는 retire는 타이어를 새로 갈아 끼우고 다시 먼 길을 떠나기 위해 새로운 출발을 준비하는 것이라고 한다.

장수와 은퇴가 재앙이 아니라 축복이 되도록 하기 위해서는 정부는 물론 사회, 개인 모두의 노력이 필요하다.

우선 정부는 정년제도의 개편을 통해 65세 이상 노인층이 계속 일할 수 있는 실질적 여건을 만들어야 한다. 이와 함께 고령인구를 위한 일자리 창출과 복지를 확충해야 할 것이다.

기획재정부가 발표한 「인구구조변화 관리방안」에서 노인 기준 연령을 현재 65세에서 장기적으로는 70세나 75세로 높이는 안을 내놓기도 했다. 지난해 보건사회연구원 조사에 의하면 일반 국민의 68.3%, 65세 이상 노인의 83.7%가 적어도 노인기준 연령이 70세 이상 돼야 한다는 대답을 했다고 한다.

현재 국민의 건강기대수명은 71.3세로 70세가 넘어도 활동에 지장이 없다고 한다. 생산가능인구에서 일할 능력과 의사를 갖고 있는 건강한 노령자들을 생산현장에서 배제할 필요는 없을 것이다.

사회적으로도 고령화 문제가 위기의식을 가지고 대처해야 한다는 인식을 확산시키고 고령시대에 대비할 수 있는 각종 제도와 관행을 정비해야 할 것이다. 교육제도나 결혼 관행을 개혁해서 부모들의 부담을 덜어주고 자녀가 부모를 봉양하는 관습을 굳혀 바람직한 도덕률을 세우는 노력을 해야 한다. 또 미리 노후를 대비할 수 있도록 재직 중 은퇴설계교육을 하는 등 사회적으로 안전망을 구축해야 한다.

개인적으로는 "나에게 은퇴는 없다."는 굳은 의지를 가지고 스스로 어려움을 극복해 나가는 노력이 필요하다.

많은 사람들은 정년퇴직을 하면 "은퇴를 했다."고 생각하고 자포자기를 하며 소극적으로 살아가고 있다. 그러나 생계가 어려운 사람은 물론이지만 비록 생계에 지장이 없더라도 끊임없이 새로운 일자리를 찾아 현역기간을 늘리는 게 바람직하다. 체면만 차리지 말고 어떤 일이든 가리지 말고 보수가 적든 많든 일을 하면 생계에 보탬이 될 뿐 아니라 보람과 자긍심을 느낄 수 있고 건강을 유지하는 데도 도움이 될 것이다.

일하는 노인이 일하지 않는 노인보다 생활의 만족도가 훨씬 높은 것으로 나타났다. 일자리를 찾기 어려우면 수요가 많은 자격증을 따는 것도 하나의 효과적 방법일 것이다.

창업으로 자영업을 하는 것도 좋은 방법이긴 하지만 창업을 하려면 사전에 광범위한 정보와 치밀한 준비가 필요하다. 최근에 퇴직 후 나이들어 경험 없이 자영업을 하다 잘못돼 더욱 어려움을 겪는 사람들이 적지 않은 것으로 알려지고 있다.

퇴직 후 노후의 삶에서 경제적 문제가 가장 중요하지만 돈만 아니라 삶의 의미를 찾는 일도 중요하다. 평생 쌓아온 경험과 재능을 필요한 사람에게 나눠주면서 남을 위한 봉사활동을 하면 무기력함을 극복하고 자존감을 높일 수 있는 아름다운 삶을 살 수 있다. 노인의 행복을 좌우하는 건 돈이나 건강 못지않게 역할이라 할 수 있다.

최근 60세가 넘어서까지 젊은이 못지않게 야구팀 감독을 한다든가 정치 현장에서 활발하게 뛰는 사람도 적지 않다. 100세 장수시대를 맞아 "건강이 허락하는 한 은퇴는 없다."는 각오로 누구나가 무슨 일이든 열심히 하면서 보람을 느끼고 행복한 삶을 누리도록 노력해야 할 것이다.

목요언론 2012 · 11호

군대폭력 근절 위해 학교폭력 없애야

최근 잇따른 병영 내 폭력과 관련된 사망·자살 등 대형사건으로 온 나라가 홍역을 치르고 있다.

22사단에서 총기 난사 후 탈영한 임 병장사건을 비롯해 28사단에서 집단 구타를 당한 후 사망한 윤 일병 사건과 휴가 나온 사병 2명이 목을 매 숨진 채 발견된 사건에 이어 6사단에서의 사병 폭행사건 등 대형사건이 연달아 터져 나왔다.

군부대 내에서의 폭력 등 가혹행위는 어제 오늘의 일이 아니다. 최근에 드러난 사건만 이럴 뿐 정도의 차이는 있을망정 드러나지 않은 사건이 훨씬 더 많으리란 짐작이 어렵지 않다.

자식을 군대에 보냈거나 군대에 보낼 자식이 있는 부모들의 불안감은 말할 수도 없으려니와 온 국민이 분노하고 있다.

이제까지 어느 정도 병영 내의 폭행은 서열문화에 기인한 관행으로 가볍게 여겨온 경향이 없지 않았다. 더구나 군은 사건이 터질 때 마다 은폐·축소해오기 일쑤였음을 부인하기 어렵다.

그러나 최근 대형사건이 계속 드러나며 군대문화를 바꿔야 한다는 소리가 높아지자 국방부는 긴급 전군지휘관회의를 열고 병영문화 혁신방안을 내놨다.

병영문화 혁신방안 주목

군은 혁신방안으로 병영 내에서 발생하는 구타, 언어폭력 등 가혹행위를 신고하는 장병을 포상하는 한편 그동안 금지됐던 최전방 경계초소(GOP)부대 근무장병에 대한 면허를 허용키로 했다.

또한 장병·부모·친구 등이 인터넷을 통해 인권침해나 피해의 구제를 요청할 수 있도록 국방통합 인권사이버 시스템을 연말까지 구축하며 병사와 준·부사관, 장교, 부모대표로 구성되는 인권모니터단도 확대 운영하겠다고 했다.

부대해체 등 강력 대처

또 장병 인권보장과 인성교육을 강화하기 위해 현재 250명인 인권교관을 대대당 2명씩 2,000여명으로 늘리고 병사 상호간에 명령이나 지시·간섭을 비롯한 사적 제재를 법으로 금지하겠다고 했다.

이밖에도 징병검사 과정에서부터 군복무 부적합자를 최대한 걸러내겠다고 했다.

육군도 최근 잇따르는 병영 내 가혹행위 및 인권침해 사례에 대처 문제를 일으키는 부대는 해체하겠다는 강력 대책을 내놨다. 해체부대 대상은 사단이나 연대 등 대규모 부대가 아니라 대대나 소대수준이 될 것이라고 하지만 초강수임엔 틀림없다. 참모총장은 병영폭력 완전 제거작전을 벌여 뿌리가 뽑힐 때까지 지속적인 노력을 하겠다는 결의를 보이기도 했다.

일단은 효과를 거둘 수 있는 대책들이기도 하고 결의도 대단해 기대를 걸어볼 만하다. 그러나 과연 이번을 계기로 병영문화가 바뀌고 군내의 폭력행위가 근절될 수 있을지는 의문이다. 과거에도 군은 군내에 대형사건·사고가 발생할 때마다 비슷한 대책을 내놨지만 아직 실효를 거두지 못하고 있기 때문이다.

하지만 군대 내의 폭력은 군대만의 문제라고 할 수는 없다. 각급 학교, 각종 단체 등 전반적 사회분위기나 관행과 무관하다고 볼 수 없다. 특히 오랫동안 심각한 사회문제가 되어온 학교폭력이 군대 폭력으로 이어져 왔다고 해도 과언이 아니다.

만약 학교폭력이 발을 붙일 수 없는 사회라면 군대폭력도 사라질 것이다. 그러나 학교폭력을 근절시킨다는 것은 쉬운 일이 아니다.

학교폭력 · 군대폭력 유사

교육부의 2014년 1차 학교폭력 실태조사 결과에 의하면 학교폭력 발생비율이 조금씩 줄어들고 있는 것으로 나타나고 있기는 하다. 학교폭력 피해응답율이 지난해 2차 조사 때와 비교해서 0.5% 감소했고 학급별 피해응답율에서 중학교는 0.7%가 줄어들었다. 반가운 현상이긴 하다. 그러나 아직도 남학생과 소규모 학교, 저학년의 피해응답율이 적지 않은 것으로 조사됐다.

피해유형을 보면 언어폭력(집단따돌림), 폭행, 스토킹, 사이버 괴롭힘, 금품갈취, 강제심부름, 추행 순으로 집계됐다. 대전시의 경우신체폭력, 금품갈취, 강제심부름, 사이버 폭력 등은 다소 감소한 반면 언어폭력, 집단따돌림, 스토킹 등은 소폭 증가한 것으로 나타났다. 학교폭력유형이 군대폭력과 비슷함을 알 수 있다.

집단따돌림 피해 최다

그동안 학교폭력을 일소하기 위해 적지 않은 노력을 기울여 왔지만 괄목할만한 성과를 거두지 못하고 있는게 사실이다. 이 같은 이유는 대다수 사람들이 장난, 놀림 등을 대수롭지 않은 행동으로 폭력이라고 생각하지 않는 경향이 있다. 그러나 당하는 사람의 입장에선 폭력임에 틀림없다. 또 폭력을 당하는 사람은 그럴만한 이유가 있을 것이라고 가해학생 입장에서 생각, 폭력을 정당화하는 경향도 없지 않다. 이와 함께 괴로움을 당하는 대부분의 학생들이 부모나 교사에게 얘기해봤자 별 효과가 없다는 생각에서 참아넘기는 경우가 많은데도 문제가 있다.

학교폭력을 예방하기 위해 학교에 전담 경찰관을 배치하는 스쿨폴리스제를 운영하고 학교폭력 신고전화(117)를 개설, 전국 17개 센터에서 24시간 상담을 하고 있기는 하다. 방학이 끝나고 개학이 되자 학교폭력 신고전화가 하루에 수십통 씩 걸려오고 있다고 한다.

신고전화 하루 수십통

비록 학교폭력이 줄어들고 있는 추세라지만 아직도 학교폭력이 심각한 사회문제임엔 틀림없다. 그러나 학교폭력에 대한 사회적 관심이 이렇게 높은데도 일부 학교구성원이나 관계당국의 학교폭력에 대한 인식이 미약해 구체적 사례에 적극적 대처를 못하고 있다는 느낌이다.

학교폭력이 근절되지 않는 한 군대폭력도 근절될 수 없음은 물론이다. 군대폭력을 뿌리 뽑기 위해서는 근본적으로 학교폭력을 없애는 일이 선행돼야 할 것이다. 그래야만 우리 사회 전체가 밝아질 것이다.

목요언론 2014 · 13호

통일은 민족의 지상명령이다

금년은 광복 70주년인 동시에 한반도 남북분단 70년을 맞는 해이기도 하다. 어느 때보다 통일에 대한 관심과 열망이 높아지면서 각계각층에서 다양한 통일 논의가 일고 있다.

조국의 통일은 '되면 좋고 안 되도 할 수 없는' 그런 사안이 아니다. 어떤 일이 있어도 그 길이 아무리 멀고 험해도 반드시 이뤄내야 할 절체절명의 과제이며 민족의 간절한 염원이다.

통일이 이루어지면 우선 남북으로 갈린 국토와 민족의 통합으로 자유스럽게 왕래하며 한데 어울려 살 수 있어 이산의 고통이 사라진다. 또한 같은 민족이 갈려 서로 총부리를 겨누고 무력충돌을 걱정하는 민족의 비극에서 벗어날 수 있다.

곳곳에 통일을 저해하는 요소들

뿐만 아니라 통일된 한국은 장기적으로는 정치적으로나 경제적으로 강력한 선진국 반열에 도약할 수 있으며 민족의 공동번영을 구가할 수 있을 것이다.

이처럼 통일은 우리 민족의 가장 중요한 숙원이며 통일의 당위성엔 의심의 여지가 없다. 하지만 안타깝게도 곳곳에 통일을 저해하는 요소가 도사리고 있어 언제, 어떻게 통일을 이룰 수 있을지 요원한 실정이다.

남북합의에 의한 평화통일이 가장 이상적임은 말할 것도 없지만 북한의 핵무기개발, 군사력 확대, 폐쇄적 정치제제, 남북간 인적, 물적 교류의 봉쇄 등이 장애가 되고 있다. 통일은 누가 이루어주거나 스스로 이뤄질 수는 없다. 우리 힘으로 이뤄야 하지만 우리의 일방적 노력만으로 성취할 수 없다는데 문제의 심각성이 있다.

최근 파주 인근 비무장지대(DMZ)에서 북한 측이 매설한 목함지뢰가 터져 국군 부사관 2명이 중상을 입는 사건이 일어났다. 북한 측이 우리 작전 병력을 해칠 목적으로 매설한 것으로 드러났다.

우리 군당국은 대북 응징차원으로 일부 비무장지대에서 대북 확성기 방송을 11년 만에 재개했다. 대북 확성기 방송은 전단지 살포와 함께 북한이 가장 껄끄럽게 여기는 대표적인 심리적 무기다.

북한은 우리의 확성기 방송을 막기 위해 포격을 했고 우리도 응사하면서 남북간 긴장이 고조됐다. 이후 북한은 전면전까지 거론하며 준전시상태 돌입을 선포하는 등 한반도를 전쟁공포 상황으로 몰아넣었다.

그러나 북한은 우리의 대응이 확고부동함을 알고 먼저 협상을 제의해와 판문점에서 남북 고위급 회담을 갖게 됐고 여기서 6개 합의사항을 담은 공동 보도문이 나왔다.

합의 내용은 남북은 상호관계 개선을 위해 ①서울 또는 평양에서 당국회담 개최 ②북측은 남측 군인을 다치게 한 지뢰폭발에 유감표명 ③남측은 비정상적 사태가 발생하지 않는한 확성기 방송 중단 ④북측 준전시상태 해제 ⑤올 추석 이산가족 상봉 위한 실무접촉 ⑥다양한 분야에서 민간교류 활성화다.

우리 군당국은 합의에 따라 대북 확성기 방송을 15일 만에 중단했고, 북한도 준전시상태를 해제하며 잠수함 등 일부 병력을 철수시켰다. 또한 미군도 검토했던 폭격기와 원자력 잠수함 등의 한반도 급파를 유보했다.

북한 진정성 신뢰할 수 없어

합의 내용과 후속조치를 보면 일단 남북이 충돌 직전의 긴장상태를 수습하고 한반도 평화와 발전을 위한 전기를 마련했다고 할 만하다. 북측 회담 대표들도 합의 후 남북은 대화와 협상을 통해 서로의 불신을 해소하고 관계개선을 위해 노력하겠다고 했다. 김정은도 "합의를 소중히 여기고 풍성한 결실로 이어가야 한다"면서 "파국에 처한 남북관계를 신뢰의 길로 돌려세울 중대한 계기"라고 했다.

남북은 합의에 따라 적십자 실무접촉을 통해 이산가족상봉 행사를 갖기로 했다. 합의 사항을 이행하는 첫발을 뗐다는데 중요한 의미가 있다고 볼 만 하다. 그러나 아직은 북한의 진정성을 신뢰할 만한 상황이 아니다. 이제까지의 북한 행태로 보아 언제 다시 어떻게 입장을 바꿀지 모르기 때문이다.

우선 북한 측은 고위급회담 직후 합의 내용 중 유감표명은 사과가 아니라 남측 병사들이 부상당한데 대한 유감표시였을 뿐 자신들의 소행이 아니라고 부인했다.

또한 김정은은 남북관계개선과 8.25 합의 준수 의지를 밝히면서도 "핵이 없었다면 이번 국면에서 평온을 찾지 못했을 것"이라며 핵을 포기할 수 없음을 분명히 내비치고 있다. 북한은 1972년 7 · 4 공동성명 후 6 · 15 공동선언, 10 · 4 공동선언 등을 통해 한반도 비핵화에 합의했지만 40여 년간 약속을 지키지 않은 채 핵개발을 계속해 왔다.

북한은 김정일 집권 이후에도 2013년 추석 이산가족 상봉에 합의했으나 4일 앞두고 일방적으로 취소하기도 했다. 또한 5월에는 일방적으로 개성공단을 폐쇄했다가 우리 정부가 인력과 물자를 철수 시키자 원상복구한 일도 있다.

8 · 25합의 잘 이행할 지 의문

북한은 1953년 7월 정전협정체결 이후 군사분계선과 서해북방한계선 지역에서 도끼만행, 연평해전, 대청해전 등 모두 5백여 차례의 도발을 해 온 것으로 나타났다.

비록 이번에 고위급 회담에서 긴장해소와 대화국면이 마련됐다고는 하지만 앞으로 북한 측의 태도가 언제 어떻게 변할지, 다시 어떤 도발을 감행해 올지 알 수 없는 일이다. 국민의 대부분이 8 · 25 합의가 잘 됐다고 하면서도 북한 측이 합의를 잘 이행할지 의문이라고 부정적 전망을 하고 있다.

북한은 최근 일방적으로 현재 표준시간을 변경, 동경시보다 30분 늦춰 사용하고 있다. 이는 남북 간 이질성을 더욱 심화시키고 혼란을 초래할 우려가 있으며 통일에도 장애요인이 될 수 있다. 북한의 이 같은 조치는 분단을 고착시키고 국제사회에서의 고립을 자초하면서 민족의 동질성 회복을 해치는 일이다.

이처럼 여러 면에서 북한 측의 진정성을 신뢰할 수 없는 지경이지만 끊임없이 대화와 협상을 통해 관계개선에 노력하는 이유는 어떤 일이 있어도 통일을 포기할 수 없는 당위성 때문이다.

우선 통일을 이룩하려면 남북 간 신뢰의 구축이 가장 중요하다. 믿지 못하면 대화도 협상도 합의도 아무 소용이 없다. 그러나 신뢰는 하루아침에 형성되는 게 아니다. 북한 측이 8 · 25 합의 내용을 준수할 의지를 가지고 성실하게 이행해 가는지 길게 그리고 차분하게 지켜보면서 신뢰가 쌓여가도록 노력해야 할 것이다.

통일을 향한 신뢰구축을 위해선 우선 독일처럼 편지나 소포 등을 교환 실질적인 접촉과 교류가 필요하다. 독일의 경우는 동서가 서로를 인정하고 주민 간 자유로운 접촉과 교류를 확대했기 때문에 통일을 이룰 수 있었다고 본다.

통일준비에 만전을 기해야

통일을 위해선 언제 어떤 변수가 있더라도 효과적으로 대처할 수 있도록 평소 주도면밀한 준비에 만전을 기해야 하지만 여러 면에서 준비가 미흡한 게 사실이다. 통일을 추진하는 데는 여나 야, 보수나 진보, 우나 좌가 다름이 있을 수 없고 온 국민이 일사불란하게 한덩어리가 돼야 한다.

최근 조사에 의하면 국민 대다수는 통일에 대한 관심과 당위성에 이의가 없지만 아직 일부 젊은층은 무관심하거나 부정적 견해를 가지고 있는 것으로 나타났다. 일부 종북세력의 남남갈등 유발도 문제지만 젊은층의 통일의식 약화는 더욱 큰 문제다.

국론통일을 위해선 통일이 얼마나 절실한 과제인지를 일깨워주는 교육이 중요하지만 초 · 중 · 고에서의 교육내용과 시간이 각각 다를 뿐 아니라 부실하다는 평가를 받고 있다.

제멋대로인 교육내용과 시간을 통일 표준화, 체계화해야 한다는 소리가 높다. 또한 대학생들을 상대로 한 조사에선 대다수가 "통일교육에 참여한 일이 없다"고 해 무관심함을 드러냈다.

청소년들에게 튼튼한 국가관, 안보관, 통일관을 심어주는 교육은 너무나 중요하다. 다행히 이번 지뢰폭발사건에서 유발된 일련의 사태로 젊은층의 안보의식이 높아졌다는 사실이다.

이와 함께 현재 3만 명에 가까운 국내 탈북자들이 취업난이나 차별의식 때문에 어려움을 겪고 있다는데 해결돼야 할 시급한 과제다. 이와 함께 중국내 조선족을 비롯한 7백만 재외동포들도 소외되지 않고 통일추진에 동참할 수 있게 하는 방안도 마련돼야 할 것이다.

그리고 한반도 통일환경을 조성하기 위해선 특히 미 · 중 · 일 · 러 등 주변국들과의 협력이 매우 중요하다. 박 대통령도 미 · 중 · 일과 연쇄 정상회담을 통해 한반도 평화정착과 북핵문제를 해결하기 위해 노력을 하고 있는 것으로 알려졌다.

박 대통령은 최근 시진핑과의 한 · 중 정상회담에서 한반도 평화통일을 위해 중국과 협력해 나가기로 했으며 가능한 한 조속한 시일 내에 한반도 통일을 어떻게 이루어 나갈지에 대해 다양한 논의를 시작할 것이라고 했다.

특히 민간교류를 활성화한다는 8.25 합의내용에 따라 앞으로 남북한 경제교류와 경제협력이 활성화 할 전망도 보이고 있다. 개성공단의 투자확대, 경제 · 관광 등 각종 특구의 공동개발 등 앞으로 경제협력이 이루어지면 북한의 경제사정도 향상될 것이다.

이에 따라 북한 주민의 삶의 질도 향상될 것이며 인권신장과 함께 북한내부의 변화도 있을 것이다. 그러면 자연히 남북 간 동질성을 회복하고 평화통일의 길이 열릴 수 있을 것으로 믿는다.

8 · 25 남북고위급 회담에서의 공동합의문으로 남북관계에 대한 관심이 더욱 높아지고 있다. 정부는 북한의 행태에 일희일비하는 반응을 보이기보다 차분히 지켜보면서 튼튼한 안보바탕 위에서 통일의 큰 그림을 그려가는 데 만전을 기해야 할 것이다.

목요언론 2015 · 14호

국회의원 특권 내려놓고 국민소환제 도입해야

현재 국회의원들이 누리는 특권을 폐지하거나 제한 내지 축소해야 한다는 논란이 있어온 것은 어제 오늘의 일이 아니다. 그동안에도 국회의원 총선거나 대통령선거 등 주요 선거가 있을 때마다 후보 스스로는 물론 각 정당에서는 '국회의원 특권 내려놓기'를 공약도 하고 개혁 법안을 마련하기도 했지만 시간이 흐르면 흐지부지 돼버리고 법제화는 실현되지 않았다.

그러나 특히 20대 국회에 들어와서는 친 · 인척 보좌진 채용 등 각종 비리가 잇달아 불거지면서 국회의원 특권을 손봐야 한다는 여론이 어느 때 보다 높아지고 있다. 여당은 물론 두 야당도 국회의원 특권규정 개정안을 마련하고 발의하는 등 적극적인 태도를 보이고 있다. 이처럼 의원들에 의해 자정분위기가 조성되고 있음은 다행스럽고도 반가운 일이다. 그러나 국민들은 이번에도 지난날처럼 유야무야 되는 게 아닌가 하고 의혹의 눈초리로 주시하고 있는 게 사실이다.

국회의원에게 부여된 특권은 2백 여 가지나 돼 일일이 열거할 수 없을 정도다. 이중에는 합당한 것도 있지만 부당하거나 과도하고 비상식적인 내용도 적지 않다는 비판의 소리가 높다.

우선 가장 대표적인 특권으로 헌법으로 보장되고 있는 불체포특권과 면책특권을 들 수 있다. 불체포특권은 현행범을 제외하고 국회 회기 중엔 국회 동의 없이 국회의원을 체포할 수 없도록 하는 것이다. 면책특권은 국회의원이 국회에서 직무상 행한 어떤 발언이나 표결에 대해서 민 · 형사상 법적 책임을 묻지 못하도록 되어있다.

세비는 국회의원이 받는 각종 수당과 지원금의 총액으로 의원 1인당 연간 2억 원이 넘는 것으로 알려졌다. 수당은 매월 기본급에 해당하는 일반 수당 646만 여 원을 비롯해 관리업무수당, 급식비, 입법활동비, 특별활동비에 1 · 7월에 지급되는 646만 여 원의 상여금, 설과 추석 때의 명절휴가비 775만 원 등 월평균 1,150만 원으로 연간 총 1억4천7백여만 원이 된다.

의원 1인 연간 2억원 넘어

여기에 차량유지비, 차량유류비, 사무실 운영비, 사무실 공공요금, 사무실 용품비, 출장비, 업무용 택시비, 정책홍보물 유인물비, 입법 및 정책개발비 등 월 최대 770여만 원으로 연 최대 9,200만원이 지원되고 있다. 상임위원장에게는 월 1천만 원이 별도로 지급된다. 뿐만 아니라 후원금으로 연간 1억5천만 원, 선거가 있는 해엔 3억원까지 거둘 수 있으며 출판기념회를 통해서도 자금을 모을 수 있다.

의원들의 해외여행에도 국민세금이 소요된다. 공항에선 귀빈주차장, 귀빈전용통로, 귀빈실을 이용하는 등 특별 대접을 받는다. 출입국 절차나 보안 심사도 사실상 생략되고 있다. 해외공항에 도착하면 현지 대사관에서 영접, 극진히 모신다. 예비군 훈련이나 민방위 훈련도 면제되고 있음은 물론이다.

또한 4급보좌관 2명, 5급비서관 2명, 6 · 7 · 9급비서 각 1명, 인턴 2명 등 9명까지 보좌진을 쓸 수 있으며 이들의 인건비가 연간 4

억 5천만 원이 지급된다.

'국회의원이 자기의 지역구만 벗어나면 제왕처럼 대접받고 제왕처럼 행세한다.'는 말이 있다. 차기 재선을 위해선 지역구 주민들에겐 몸을 낮추고 언행을 조심해야 하겠지만 지역구 밖에선 갖은 특권을 누리며 신분을 과시한다는 데서 나온 말일 것이다.

오 · 악용 사례 너무 많아

국회의원에게 부여된 각종 특권은 정권 등 외부의 압력을 배제함으로써 정부를 견제하고 감시하며 자유스럽게 소신껏 직무를 수행할 수 있도록 보장하기 위해서다. 의원에게 지급되는 세비는 의원의 직무활동과 품위유지를 위해 필요한 최소한의 실비를 보전하기 위한 수당이라고 규정하고 있다.

국회의원의 직위는 국가와 국민에게 봉사하며 책임을 지는 자리지 특권을 휘두르거나 권위를 과시하며 사익을 추구하는 자리가 아님은 말할 것도 없다. 하지만 이 같은 취지와 원칙이 의원 개인이나 특정 집단을 위해 오용되고 악용되는 경우가 적지 않다.

우선 불체포특권의 경우 뇌물수수나 횡령 같은 불법행위를 한 혐의를 받고 있는 동료의원을 감싸거나 당리당략을 위해 악용되는 사례가 많았다. 체포동의안이 본회의에 보고된 때부터 24시간후 72시간 내에 표결 못하면 자동 폐기되도록 규정, 대부분이 폐기되거나 부결되고 있다.

지난 19대 국회에서도 정부가 낸 체포동의안 11건 중 2건은 정부가 철회했지만 4건만 가결됐을 뿐 5건은 부결되거나 자동폐기 됐다. 정부수립 이후 지금까지 국회에 접수된 체포동의안 중 80%가 부결되거나 자동 폐기됐다고 하니 사정을 알 만하다. 의원이 어떤 불법행위를 저질러도 동료의원들이 부결시키거나 표결시한을 넘기면 다른 방도가 없다. 이제껏 문제가 불거질 때마다 여·야 모두 불체포특권 규정을 폐기하거나 개정하겠다고 여러 번 공약도 하고 법안을 발의하기도 했지만 아직 그대로이다.

면책특권 역시 헌법에 보장된 권리라는 명분을 방패삼아 확인되지 않았거나 허위사실 등 황당한 유언비어성 발언을 하거나 폭언과 비방 등 막말을 남발해 분란을 일으키는 경우가 적지 않아왔다. 허위사실을 유포 타인의 명예를 훼손해도 정부로부터 입수한 비밀정보를 이해 당사자에게 유출해도 처벌을 받는 경우는 거의 없다. 행정부나 정부를 견제하기 위해 면책특권이 필요하다 하더라도 그 범위를 제한하거나 기준이 마련돼야 한다는 여론이 높다.

회의 잠깐 참석, 3만원

국회의원에게 지급되는 수당과 지원 경비 등 세비가 너무 높다는 여론이 팽배해 있다. 우리나라 임금 체계와 비교해도 그렇고 OECD (경제협력개발기구) 국가들 중 일본과 미국에 이어 세 번째로 높은 액수다. 더구나 의원이 법안 처리 등 일을 안 해도 세비는 지급되고 있어 국회의원에게도 무노동 무임금의 원칙이 적용돼야 한다는 소리도 높다.

또한 의원이 회의에 참석하는 것은 당연한 일인데도 1일 3만여원 씩 별도로 특별활동비를 지급하고 있으며 본회의나 상임위 한 군데만 잠깐 출석했다가 가도 지급된다. 이래저래 근본적으로 세비가 삭감돼야 한다는 주장이 제기되고 있다.

한편 국회의원 1인당 9명까지 채용할 수 있도록 되어있는 보좌진도 인원이 너무 많아 인건비 등에 턱없이 많은 예산이 투입된다는 여론도 높다. 더구나 20대 국회에 들어와서는 가족이나 친인척을 보좌진으로 채용하기도 하고 보좌진에게 지급되는 급여의 일부를 후원금 등으로 돌려받아 쓰는 등의 비리가 잇달아 드러나 시정해야 할 문제점으로 부각되고 있다.

최근 논란이 되고 있는 김영란법의 '이해충돌 방지조항'을 되살려야 한다는 주장도 제기되고 있다. 처음 국회에 제출된 김영란법 원안엔 공직자가 4촌 이내 친족은 관련된 업무를 맡지 못하도록 하고 고위공직자 가족의 공공기관 · 산하기관 특채를 금지하는 등의 조항이 들어있었으나 국회 처리과정에서 삭제됐다.

뿐만 아니라 '국회의원의 민원전달 행위'를 삽입, 의원이 지역구 민원을 정부 부처나 관련기관에 요청하는 행위에 면죄부를 주고 있어 이 또한 비판의 대상이 되고 있다.

개혁기구 창설도 한 방법

이 밖에도 의원의 재산상 이득을 위한 기업 경영이나 겸직을 금지해야 하며 불법 정치자금 모금 수단으로 활용된다는 지적을 받아온 출판기념회도 금지토록 해야 한다는 여론이 강력하다. 또한 하루만 국회의원으로 재직했어도 65세 이 후 사망 때까지 월 120만 원씩의 연금이 지급되는 제도를 폐지하거나 재직기간을 늘리고 일반 연금처럼 국가와 의원이 함께 불입한 연금을 수령토록 해야 한다는 의견도 제기되고 있다.

이와 함께 국회의원에 대한 국민소환제가 도입돼야 한다는 주장도 만만치 않게 일고 있다. 선출직 공무원 중 지방자치단체장이나 지방의회 의원은 국민소환제가 적용되는데 유일하게 국회의원만 예외가 되고 있다. 국회의원에게 국민소환제를 허용할 경우 정치권 등의 압박용 등으로 악용될 수 있다는 의견도 있지만 제한적으로라도 국민소환제를 적용해야 한다는 여론이 높다.

특히 20대 국회가 들어서면서 과거와 달리 국회의장을 비롯해 여야 3당이 높아진 여론을 의식한 듯 다양한 법안을 발의하는 등 '국회의원 특권 내려놓기' 방안을 경쟁적으로 추진하는 듯 보이지만 과연 실현될 수 있을지는 두고 볼 일이다.

국회의원들이 비합리적인 특권을 자발적으로 내려놓음으로써 국회에 대한 신뢰감을 높이는 일은 바람직한 일이다. 그러나 과거에 그랬듯이 의원 스스로 특권을 포기할 만큼 굳은 의지로 뜻을 모으기는 쉽지 않을 수 있다. 그렇다면 국회의원을 포함한 각계각층의 전문인사들로 개혁위원회 같은 기구를 만들어 강력히 추진하는 것도 하나의 방법일 수 있다.

이번에야말로 국회의원은 물론 각 정당들도 앞으로의 명운을 걸고 국민의 의식수준에 맞는 개혁을 반드시 이뤄내야 할 것이다.

목요언론 2016 · 15호

바람직한 제2인생

우리나라의 인구 고령화 속도는 예상보다 지나치게 빨라 사회 전반에 각종 부작용을 안겨주고 있다.

올해부터 65세 이상 인구가 전체 인구의 14%를 넘어서 7% 이상인 고령화사회에서 고령사회로 접어들었다고 한다. 이대로 지속된다면 오는 2026년쯤에는 노령인구가 20%를 초과해 초고령사회로 진입할 것이란 예측이 어렵지 않아 보인다.

이 같은 추세에 따라 한국인의 기대수명은 50년 전 평균 60세에서 크게 늘어날 것으로 전망된다. 현재는 남자 79세, 여자 85.2세로 평균 82.1세가 됐다고 한다. 앞으로 의학의 발전, 식생활 향상, 생활환경 개선 등을 감안한다면 기대수명은 더욱 급격하게 늘어날 것으로 예상되고 있다. 요즈음 흔히 회자되는 '100세 시대'가 멀지 않은 장래에 도래하리란 예측이 가능하다.

정년, 선진국보다 일러

이렇게 수명이 계속 늘어나면서 다니던 직장에서 은퇴한 후에 30~40년 동안 노후의 긴 제2인생을 살아가야만 하게 됐다. 대부분의 노인들은 소득생활에서 물러나 옹색한 가운데 점점 병약해지는 몸을 이끌고 외롭게 고통스러운 노후 인생을 보내야 할 것 같다. 누구나 어떻게 해야 길어진 노년을 잘 살아갈 수 있을지 심각한 고민거리가 아닐 수 없다.

누구든지 노후에 경제적 여유를 가지고 아프지 않은 건강한 몸으로 취미나 봉사활동 등 하고 싶은 일을 하면서 보람 있고 즐거운 삶을 오래 살고 싶어 할 것이다. 예부터 인생의 다섯 가지 복을 △오래 사는 것 △부귀영화를 누리는 것 △병 없이 건강한 것 △자선을 베푸는 것 △편안하게 죽는 것이라고 했다. 누구나 복 중에서 오래 사는 것을 첫 번째 복으로 꼽으며 오래 살기를 원하지만 나머지 복이 없으면 오래 산다 해도 축복받을 만한 일이 못된다.

우선 노후 생활을 영위하는데 필요한 경제적 여건을 충분히 갖추지 못했다면 괴로운 삶이 될 수밖에 없다. 그러나 많은 사람들이 노후 대비를 못한 채 노후를 맞고 있다. 노후 대비책이 절실하다는 사실엔 누구나가 공감하고 있지만 주거비나 의료비, 자녀들을 위한 양육비, 교육비, 결혼비용 등 그때그때 필요한 경비를 지출하다 보면 노후 준비를 위한 자금 축적을 하기 어려운 경우가 많기 때문이다.

더구나 우리나라는 현재 일생동안 다니던 직장에서 은퇴, 소득이 끊기는 정년 연령이 다른 선진국에 비해 너무 빨라서 노후 대비를 더욱 어렵게 하고 있다. 우리나라의 정년 연령이 53~54세인데 비해 일본과 독일, 프랑스가 65세, 미국과 이탈리아가 66세로 주요 선진국보다 훨씬 이르다.

공적연금 수급자 40.4%

기대 수명이 80여세로 늘어나 정년도 이에 따라 늦춰야 하겠지만 그렇게 안 되고 있다. 작년부터 정년을 60세로 의무화하기로 했지만 공무원이나 공기업 근로자를 제외하고 일반 기업에서는 당장 실현하기는 어려운 실정으로 보인다.

고령화시대에는 건강이 허락하고 본인이 원하는 한 평생을 현역으로 일할 수 있도록 하는 게 바람직하겠지만 우리의 경우 요원한 실정이다. 현재로선 자영업자나 일부 전문직을 제외하고 전체 근로자의 75%인 2천만 명이 본인의 의사가 아니라 회사 사정에 따라 일찍이 은퇴를 할 수밖에 없다.

50대에 퇴직을 하면 다른 곳에 다시 취직하기도 어렵고 손쉽게 식당이나 커피전문점 등 자영업에 뛰어들기도 하지만 실패하는 경우가 많다. 또 주식, 채권, 펀드 등에 투자했다가 원금마저 손해를 보거나 사기를 당하기도 한다. 이처럼 노후 자금을 마련하려다 오히려 더욱 어려움을 겪게 되는 경우가 적지 않은 것으로 나타났다.

또 현재 65세 이상 인구 중 국민연금, 공무원연금, 사학연금 등 공적 연금 수급자는 40.4%에 불과해 연금 수입이 없는 노인들도 많다. 연금 수입이 있다 하더라도 국민연금, 퇴직연금 등의 제도가 제대로 자리 잡지 못해 연금 수급률이 낮아 연금으로 노후생활을 하기엔 미흡하다.

부부 적정생활비 237만원

가입한 지 20년 이상 된 국민연금 수령액이 평균 89만 원 정도밖에 안돼 노후생활비를 충당하기엔 충분치 않다. 최근 국민연금연구원이 발표한 노후 준비 실태보고서에 의하면 노후에 필요한 적정 생활비는 부부가 함께 사는 경우엔 월 236만 9천 원, 혼자 사는 경우엔 145만 3천 원이 필요한 것으로 돼있다.

과거 금리가 높을 때에는 열심히 저축을 하면 노후 대비를 할 수도 있었지만 최근에는 저금리 기조가 지속돼 어렵게 됐다. 그나마 당장 생활하기에도 넉넉지 않아 저축을 못하거나 노후는 먼 미래라는 생각으로 저축 시작시기를 늦춰 제 구실을 못하고 있다.

노년을 맞아 부동산이나 저축, 연금으로 생활비가 충분하지 않으면 자녀들의 도움을 받아야 하겠지만 자녀들 역시 생활에 여유가 없어 도움을 받을 수 없는 경우가 많다. 또한 국가나 사회단체의 지원에 의지하는데도 한계가 있다.

이 같은 여러 원인들로 우리나라의 노인 빈곤율은 48.8%로 OECD(경제협력개발기구) 가입국의 평균 12.6%보다 4배나 높다. 우리나라의 얼마나 많은 노인들이 길어진 노후의 제2인생을 불우하게 보내는지 알만하다. 아무리 어려움이 있어도 이 같은 국면을 벗어나 행복한 노후를 위해 여건을 조성하는 게 절실한 과제임을 실감케 한다.

우선 금리가 낮아 노후 대비를 하는 수단으로 미흡하다 하더라도 노후를 행복하게 지내려면 저축이 필수 요건임을 부인할 수 없다. 노후를 위한 정기적 저축은 취업 등으로 소득이 생기는 시점부터 젊었을 때 가능한 한 일찍이 시작해야 함은 물론이다. 금리가 낮을수록 오랫동안 모아야 목돈을 마련할 수 있기 때문이다.

국가재정 과도한 부담

또한 처음 강력한 의지만 가지고 소득 수준을 감안 않고 무리하게 큰 금액으로 시작했다가 갑자기 지출해야 할 필요가 생겨 중도에 해지하게 된다면 헛일이 되고 만다. 저축을 시작할 때는 면밀하게 장기적 계획을 세워 장래에 발생할 주거비, 의료비는 물론 자녀 양육비, 교육비, 결혼비용 등을 감안 저축액을 소득 수준에 맞춰 알맞게 결정, 꾸준히 유지해 나가는 게 중요하다.

이와 함께 역시 노후 대비엔 충분하지 못하지만 국민연금은 물론 퇴직연금, 개인연금 등 각종 연금에 가입하는 게 바람직하다. 젊었을 때 당장 절박하게 느껴지는 지출이 아니면서 매월 월급에서 빠져나가는 게 못마땅하게 여겨질 수도 있겠지만 저축이나 연금은 행복한 노후생활을 위해선 꼭 필요하다는 판단이다.

그러나 아무리 합리적이고 무리 없는 계획을 세운다고 해도 노후 대비를 위한 비용을 축적하려면 절약하는 긴축 생활을 할 수밖에 없을 것이다. 하지만 이러한 생활이 가다가 여행을 하는 등 여가 생활이나 취미 생활을 즐기는 젊은 시절의 행복을 희생해야 된다는 스스로의 불만이 있을 수 있다. 그렇다 하더라도 노후 생활을 위해선 어느 정도 자제가 필요할 것이다.

현 정부는 건강보험 보장성 향상, 0~5세 아동수당 지출, 기초연금 인상, 기초생활 수급자 확대 등에 178조 원을 투입하겠다는 공약을 내걸고 추진하고 있다. 이 같은 공약은 노인빈곤율이 심각한 상황에서 노후생활에 직·간접적으로 상당한 보탬이 될 것으로 생각된다. 하지만 현재의 고령화 속도를 감안할 때 복지 지출이 계속 늘어나 국가 재정에 과도한 부담이 될 우려를 지울 수 없다.

이런 측면에서 단순한 현금지원을 늘리기보다 평균 수명 증가에 맞춰 좀 더 일을 할 수 있는 근로환경을 조성하는 게 노후생활을 안정적으로 이끄는 더욱 효과적 방안으로 보인다.

노년에 일을 한다는 것

노년에 일을 한다는 것은 경제적인 면에서 뿐만 아니라 심리적인 면에서도 크게 유익할 것이다. 퇴직 후 역할 상실감, 무력감, 외로움, 허탈감에서 벗어날 수 있을 뿐 아니라 노후에 필요한 자금을 마련할 수 있어 삶의 활력소가 될 수 있다.

퇴직 인력의 경험과 경륜을 활용하면 자신의 능력이 사장되지 않고 의미 있게 쓰인다는 점에서 큰 보람을 느낄 수 있고 기업은 물론 국가적으로도 이득이 될 것이다.

노후의 바람직한 제2인생을 위해서는 자녀들에게 의지하거나 국가의 지원에 기대려 하기보다 우선 본인의 적극적인 노력이 중요함은 두말 할 필요조차 없다. 또한 노후에 여유 있게 살아갈만한 경제적 여건을 갖췄다 하더라도 몸이 아프거나 마음이 불편하면 행복한 삶을 영위할 수 없음은 물론이다.

축적된 자금을 현명하게 쓰면서 적극적이고 낙천적인 자세로 주위 사람들과 어울려 건강하게 살아가려는 노력이 필요하다. 그래야만 '100세시대'를 의미 있고 즐겁게 살다가 편안하게 생을 마감할 수 있을 것이다.

목요언론 2017 · 16호

2부

가슴에 품은 서정

〈한밭수필〉

〈문학사랑〉

〈충청예술문화〉

되살려야 할 경로효친(敬老孝親)

우리 민족 최대의 명절이라는 추석을 며칠 전에 보냈다. 대부분의 사람들이 고향을 찾아 흩어져 살던 가족들과 만나 조상을 그리며 즐거운 시간을 가졌을 것이다. 추석 땐 무엇보다 부모님이 살아계시든 돌아가셨든 한동안 소원했던 부모님과 따뜻한 정을 나누며 추모하는데 큰 의미가 있다고 본다. 잊었던 효도를 되살려 깊이 생각해 보게 되는 기회이기도 하다.

연례행사이긴 하지만 나도 추석 즈음 돌아가신 부모님을 모신 고향을 찾아 성묘를 하고 집에선 차례도 지냈다.

부모님의 영정을 보며 차례를 지내고 성묘를 할 때면 "살아계실 때 좀 더 잘해 드릴 걸"하고 울컥하는 심정에서 눈시울이 뜨거워지곤 한다.

우리나라는 예부터 동방예의지국(東方禮儀之國)이라 불릴 정도로 경로효친(敬老孝親) 사상을 숭상해 왔다. 노인의 풍부한 경륜에서 오는 원숙한 지혜를 높이 샀으며 웃어른을 존경하고 섬기는 미풍양속을 이어왔다.

아름다운 경로효친의 전통이 우리 사회를 훈훈하고 따뜻하게 했으며 인정이 넘치는 풍요로운 삶을 영위할 수 있게 했다고 할 만하다. 그러나 언제부터인가 이 같은 경로효친의 풍조는 점차 빛을 바래기 시작했으며 이제는 찾아보기 힘든 지경이 됐다. 추석명절을 맞아도 외롭고 가난한 가운데 쓸쓸하게 보내는 사람들이 적지 않을 것이다. 이들 중엔 자녀가 있든 없든 홀로 사는 노인이나 복지시설에 입원해 있으면서 찾아주는 자식도 찾아 갈만한 가족도 없는 노인들도 있을 것이다.

명절 때엔 더욱 외로움을 느끼는 노인들이 많이 있겠지만 평소에도 여러모로 어려움을 겪는 노인들이 적지 않다. 용돈을 주지 않는다고 부모를 폭행하는 자식이 있는가 하면 자식들이 여럿이라도 서로 부모 모시기를 미루며 반목하는 형제들도 있다. 심지어는 모시기가 싫다고 부모를 유기하는 자식이 있는가 하면 재산을 차지하기 위해 존속을 살해하는 사례까지 있는 세상이 돼 버렸다. 이 같은 사례들은 극히 우발적이고 예외적인 일부 패륜아의 소행으로 치부해 버릴 수도 있을 것이다. 그러나 이와 유사한 사건들이 우리 사회에서 심심치 않게 일어나고 있다는데 문제의 심각성이 있다.

최근 조사에 의하면 우리나라 전체 노인의 절반 정도가 첫 번째로 경제적 어려움을 꼽았으며 그 다음이 건강문제, 그 다음이 외로움과 소외감을 호소하고 있는 것으로 나타났다. 존경을 받기는커녕 거추장스럽고 귀찮은 존재로 천대를 받아가면서 불우한 말년을 보내고 있다는 얘기다. 경로효친을 제일의 덕목으로 살아온 우리 사회가 어쩌다 이 지경이 되었는지 참으로 안타까운 현실이다. 노인 인구 비율이 급격하게 늘어가는 추세에서 이런 상황이 계속 된다면 앞으로 얼마나 많은 노인들이 고통스러운 말년을 보내게 될지 짐작하기 어렵지 않다.

이 같은 사태가 빚어진 데는 여러 가지 원인이 있겠지만 큰 흐름으로 보면 근래 서구문명이 밀어닥치면서 비롯됐다고 할만하다. 이후 우리의 농경사회가 산업사회로 농촌이 도시로, 대가족제가 핵가족제로 옮겨오는 과정에서 일어난 변화 때문으로 분석된다.

우리 사회가 산업화, 정보화하면서 전혀 새로운 지식을 필요로 하게 되었고 농경사회와 달리 노인들의 경륜에서 오는 지혜의 필요성은 점차 줄어들게 됐다. 또한 효율을 중시하는 사회가 되면서 기성세대의 효용가치가 떨어지기 시작했고 이에 따라 노인층이 소외될 수밖에 없었을 것이다. 더구나 쌍둥이 간에도 세대차이가 난다는 농담이 생겨날 정도로 어지럽게 급변하는 사회에서 밀려드는 새로운 지식을 수용하기조차 바쁜 터고 보면 기성세대들이 뒷전으로 물러날 수밖에 없는 것은 당연한 이치일지도 모른다.

이 같은 사회변천과정에서 극도의 배금주의와 금전만능주의, 이기주의와 개인주의가 싹틀 수밖에 없었고 이러한 세류가 우리 사회를 황폐화 시켰다고 할만하다. 남이야 어떻든 오직 나만 잘살면 된다는 생각, 한걸음 더 나아가서 남을 짓밟고라도 남보다 앞서가고 잘 살아야겠다는 풍조가 우리 사회에 팽배해 있다. 극도의 이기적 개인주의가 극심한 경쟁심을 유발하고 사회분위기가 그만큼 각박해졌다는 느낌이다.

가정에서도 부모들이 극심한 경쟁 심리와 이기주의에 빠져있기는 마찬가지다. 자녀들이 버릇이 없고 예의가 바르지 않더라고 오직 공부만 잘해서 일류대학에 들어가고 출세하는 게 제일의 효도라고 가르치고 있다.

학교 교육도 마찬가지다. 지식을 주고받는 데만 힘을 쏟을 뿐 인성교육은 할 겨를이 없다. 학생들은 수업료를 내고 지식을 얻으면 되고 교사들은 보수를 받고 지식만 전수하면 그만이다.

바람직한 삶을 위해 올바른 도덕률을 심어주는데 최우선 순위를 둬야할 가정에서의 교육과 학교에서의 교육이 이렇다면 경로효친의 전통을 세워나가기 어렵다.

노인 인구는 계속해서 늘어나고 있는데 대부분의 노인들이 일자리에서 물러나 역할을 상실한 채 비생산적 계층으로 살아간다면 심각한 사회문제가 아닐 수 없다. 많은 노인들이 사회에서 소외되고 가정에서 우대받지 못하면서 경제적 어려움을 겪으며 아픈 몸을 이끌고 외롭게 살아가야 하는 상황에선 행복한 삶을 기대하기 어렵다.

대부분의 노인들이 누군가에게 의지하고 도움을 받으며 살아가야 할 처지지만 가정도, 사회도, 국가도 이들의 기대를 충족시켜 주는 것은 불가능하다. 정부가 노인들을 위해 여러 가지 복지정책을 시행하고 있으며 사회단체나 민간단체에서도 각종 행사를 벌이고 있지만 만족할 만큼의 행복한 삶을 안겨주기엔 부족하다. 가정에서 자식들에 의지하며 가족들과 어울려 대우받으며 사는 게 가장 바람직하지만 이 또한 쉬운 일이 아니다.

이 같은 상황과 풍토를 바로잡아 나가려면 우선 가치관의 변화가 있어야 한다. 금전만능의 이기적 개인주의보다 도덕률에 바탕을 둔 인성을 좀 더 중시하는 사회분위기를 정착시켜야 한다. 이를 위해선 가정이나 학교에서의 교육도 달라져야 한다.

그래야만 예부터 지켜오던 경로효친의 도덕률도 되살릴 수 있고 좀 더 향상된 노인들의 삶을 기대할 수 있게 될 것이다.

한밭수필 2014 · 6호

녹차의 고장 보성 그리고…

지난 4월 24~25일 1박 2일 일정으로 문학사랑협의회가 주관하는 문학기행 행사에 참여, 전남 보성엘 다녀왔다. 보성은 우리나라 최대의 녹차 재배지로 널리 알려진 곳이다.

몇 년 전이었던가, 정확하게 기억되진 않지만 오래 전에 보성엘 가 본 적이 있다. 그때는 스쳐가는 길이어서 잠깐 광활하게 펼쳐진 차밭을 둘러보며 굉장한 차의 고장임을 실감했을 뿐 다른 생각은 하지 못했다.

그런데 이번 문학기행을 통해 여기저기를 돌아보면서 보성지역이 차 이외에도 볼거리, 알거리, 느낄거리가 많다는 것을 알고 새로운 인식을 하게 됐다. 녹차는 물론 판소리의 본거지, 소설 태백산맥의 주무대, 서재필 기념공원, 득량 추억의 거리, 쉴만한 휴양림 등 관광, 등산, 휴양지로 각광을 받을 만한 곳으로 여겨졌다.

하지만 역시 보성은 우리나라의 대표적 차의 고장임에는 틀림없다. 보성에서 율포로 가는 길 옆 산비탈을 따라 펼쳐진 녹차밭은 마치 거대한 녹색의 융단을 깔아놓은 듯 장관을 이루고 있다. 차밭 사잇길을 걷노라면 가슴이 탁 트이는 시원함과 함께 녹색의 넓은 융단 위를 마음껏 뛰놀며 뒹굴고 싶은 해방감을 느끼게도 된다. 이렇게 끝없이 펼쳐진 차나무들은 이곳의 바람과 태양과 안개와 어울려 독특한 경관을 창출해낼 뿐 아니라 갖가지 차 맛을 탄생시킨다고 한다.

보성에는 차의 고장답게 우리 고유의 차문화를 올바로 정립하고 이 같은 전통이 이어질 수 있도록 연구하고 보급하기 위한 한국차박물관이 있다. 이곳에는 차의 재배부터 생산까지의 과정 등 차문화를 이해할 수 있도록 하는 차문화실, 차문화의 발자취를 알 수 있도록 시대별 차도구 등을 전시하는 차역사실이 있다. 또한 한국, 중국, 일본, 유럽 등 여러나라의 차문화를 체험해 볼 수 있는 차생활실이 있으며 이와 함께 찻잎을 덖어 차를 만들어 볼 수 있는 체험실도 있다.

오래전 일이기는 하지만 대전에서 우리의 전통적 다도를 익히고 이어가기 위한 다인회에 한동안 참여한 적이 있어 차박물관을 돌아보며 더욱 감회가 깊었다.

보성엔 차밭의 경관뿐 아니라 숲과 계곡 등 자연의 경치도 아름다웠다. 보성에서 제일 높은 제암산은 임금제자(帝) 모양의 임금바위가 있고 산세가 수려해 등산객들의 발길이 끊이지 않는다고 한다.

이 제암산 중턱에 자리잡은 자연휴양림에는 자연숲과 인공숲이 어우러져 있고 아름다운 계곡이 있다. 또한 교육시설, 모험시설, 숙박시설 등이 있어 각종 행사를 하고 휴식을 하기에 편리하도록 되어있다. 이곳 휴양관에서 보성문인협회 회원들과 함께 한남대 이규식 교수가 발표한 '시의 힘'이란 주제로 문학세미나를 가졌다. 뒤이어 여흥으로 시낭송회도 가졌다.

대전 회원들은 이곳에서 하룻밤을 묵었다. 아침에 일어나 아침식사를 하기 전에 휴양관 주변의 숲길과 계곡길을 걸으며 삼림욕을 즐길 수 있었다. 수려한 경관 속에 시원하고 깨끗한 공기를 마음껏 마시며 산책을 하노라면 가슴속의 찌든 때가 조금씩 녹아 날아가 버리는 듯한 개운함을 느낄 수 있었다.

보성과 이웃한 벌교는 조정래의 소설 태백산맥의 주무대로도 유명하다. 조정래 작가가 이곳에서 어린시절을 보냈으며 소설 태백산맥에는 벌교사람들의 궁색하고 어려웠던 삶의 모습이 담겨있다.

이곳엔 소설 태백산맥과 조정래 작가를 기리는 태백산맥문학관이 자리하고 있다. 전시실엔 조정래 작가의 소장품 등이 전시돼 있다. 또한 엄청난 분량의 육필원고와 필사본이 쌓여있어 발길을 멈추게 한다. 이곳엔 또 소설 태백산맥의 첫 장면에 등장하는 현부잣집이 있다. 대문과 안채는 한옥의 형태를 갖췄으나 곳곳에 일본식을 가미해 독특한 건축양식을 보여주고 있다.

보성의 득량면은 이순신 장군이 군량을 이곳에서 얻었다고 해서 붙여진 이름이라고 한다. 이순신 장군이 3도수군통제사로 임명받아 부임했으나 병사도 전선도 병기나 군량도 아무것도 없었다고 한다. 충무공은 이런 상황을 한탄하며 헤매다 보성지역에서 인적, 물적 군비를 갖춰 후일 명량해전에서 대승을 거둘 수 있었다고 한다.

당시 보성지역에서 나는 곡식을 조양창에 모아놨다가 수로를 통해 한양으로 보내곤 했는데 이곳에서 군량을 얻었으며 회천면에서 많은 어부들을 모아 수군으로 조련을 했고 보성의 무기고에서 병기를 얻었다고 한다. 또한 당시 경상우수사가 패전 후 도망가며 구미영에 정박시켜놨던 전선 12척을 얻어 진용을 갖추게 됐다고 한다. 만약 충무공이 보성지역에서 군용을 갖추지 못했다면 명량대첩은 있을 수 없는 일이었다고 한다.

또한 이곳을 지나는 경전선상의 득량역과 역전의 추억의 거리는 특이한 곳이었다. 추억의 거리엔 수십 년 된 이발소, 다방, 떡방앗

간, 만화방 등이 옛모습을 그대로 지닌 채 아직도 문을 열어놓고 있다. 젊은이들에겐 선조들의 옛 생활상을 엿볼 수 있게 해주고 연로한 이들에겐 옛날의 추억을 회상하며 감회에 젖을 수 있게 해주는 곳이다.

우리의 가락 '판소리' 하면 누구나가 그 본고장으로 전라도를 연상하게 된다. 하지만 구체적으로는 서편제 판소리의 본고장이 보성이라고 한다. 판소리 보성소리의 창시자인 송계 정응민 선생의 생가가 이곳에 있기 때문이다. 이곳에는 서편제 보성소리의 역사와 정통성의 맥을 이어가고 실습을 통해 판소리를 체험할 수 있도록 판소리전시관과 정응민 생가 탐방로 등이 조성돼 있다.

얼마전 우연한 기회를 얻어 판소리를 몇 시간 배우다가 우선 판소리에 어울리는 걸걸한 목소리를 낼 자신이 없어 포기한 일이 있다. 이곳에서 판소리를 배웠다는 문화관광해설사의 국악 '사철가'를 들으니 감회가 새로웠다.

돌아오는 길, 평생을 독립운동에 바치며 독립신문을 제작하고 독립문을 세운 송재 서재필 선생을 기리는 기념공원엘 들를 계획이었으나 시간이 여의치 못해 아쉬운 마음으로 문학기행을 마칠 수밖에 없었다.

마지막날 점심은 벌교의 대표적 특산품인 꼬막요리를 전문으로 하는 음식점에서 먹었다. 꼬막찜, 꼬막무침, 꼬막찌개 등 밥상이 온통 꼬막 일색이어서 인상적이었다. 1박2일 동안 보성지역 곳곳을 돌아보며 차밭 외에도 많은 것을 보고 배우고 느꼈다. 이렇게 귀중한 체험을 하도록 기회를 주고 보람있는 시간을 갖게 해주신 문학사랑협의회 리헌석 회장님께 감사의 마음을 드리고 싶다.

그리고 곳곳을 돌아보도록 편의를 제공하고 안내를 해주신 김밝음 목사님과 계속 일정을 같이하며 자상한 설명을 해주고 오찬자리에서도 꼬막을 까서 밀어주던 임삼순 해설사님에게도 감사의 말씀을 드리고 싶다.

한밭수필 2015 · 7호

살맛나는 세상을…

지금 우리는 지난날 어느 때보다도 정치적으로나 사회적으로 극심한 혼란과 고통을 겪고 있다고 여겨진다. 게다가 경제적으로도 심각한 불황의 늪을 좀처럼 벗어나지 못하고 있다. 어쩌다 우리가 이런 지경에 까지 이르게 됐는지 안타깝고 답답한 심정이다.

정치적으로는 여 · 야 각 정당 간은 물론 여러 정파 간 또는 당원 간에도 당리 · 당략과 이해득실을 좇아 의견을 달리하고 있다. 각각 유리한 국면을 추구하며 타협을 제쳐놓은 채 지나친 대립과 반목의 모습을 보이고 있다.

사회적으로도 이념 간, 빈부 간, 노사 간, 주종 간 등 이질적인 집단과 개인 간에 각기 자기주장만을 내세우고 충돌하며 불화와 질시, 차별적 행태를 보이고 있는 경우가 잦아지고 있다.

특히 고령사회로 접어들면서 세대 간의 또는 가족 간의 갈등과 불협화 현상도 심화하고 있는 실정이다.

더구나 경제적으로는 계속되는 수출부진에 내수마저 어느 때보다 저조해 경기가 빠른 속도로 둔화하고 있는 상황이라고 한다. 여기에 상당 기업들의 노사관계마저 원만치 못해 노사 간 대립과 투쟁이 격화하면서 어려운 경제를 더욱 어렵게 하고 있다.

더욱 걱정스러운 상황은 핵무기와 미사일을 개발하고 있는 북한이 연일 위협적인 말을 쏟아내며 불안감을 조성하고 있다는 것이다. 언제 무슨 일이 일어날지 알 수 없어 안보 면에서도 극히 우려되는 형국이다.

이같이 정치, 사회, 경제, 안보 등 각 분야에서 국가의 기반이 흔들릴 정도로 혼란스럽고 어려운 국면을 맞게 되면서 대부분의 국민은 위기의식을 느끼고 불신과 불안한 마음을 떨치지 못하고 있다.

이 때문에 일반 국민의 인성도 강퍅해져 매사를 감정적으로 과격하게 대처하기 일쑤가 된 것 같다. 이에 따라 개인끼리는 물론 이웃이나 집단 간에도 대립과 다툼이 늘어나고 있다는 느낌이다.

그렇지 않아도 언제부터인가 우리 사회에는 극단적 이기주의, 과도한 개인주의, 극도의 자기중심주의가 팽배해 분위기가 각박해져 온 게 사실이다. 조금이라도 손해를 보거나 한발 물러설 줄을 모르고 오히려 지나친 욕심을 부리거나 상대를 부당하게 억누르려고 하는 세태가 되었다고 할 만하다.

사회 일각에선 어떻게든 이같이 위기감을 느낄 정도의 우려스러운 국면을 벗어나 국기를 바로 세우고 바람직한 사회 분위기를 진작해야 한다는 소리가 높다. 그렇게 하기 위해선 정치권이나 지도층은 물론 국민 모두가 과감한 결단을 해야 할 때라는 생각이다.

사회 분위기를 바람직한 방향으로 변환시키기 위해서는 무엇보다 관용과 양보, 이해와 용서의 미덕을 우리 사회의 높은 가치로 인정하는 관행을 널리 살려나가야 한다고 강조하고 싶다.

관용(寬容)의 사전적 의미는 너그럽게 용서하거나 받아들이는 것으로 되어있다. 관용의 의미에는 용서는 물론 이해나 양보의 뜻이 내포되어 있다고 본다. 용서는 죄를 짓거나 잘못을 저지른 데 대해 벌을 주지 않고 너그럽게 보아주는 것을 말한다. 이해 역시 역지사지로 상대의 사정을 헤아려 상대방의 의견이나 행동을 용납하는 것일게다. 또한 양보는 길 · 자리 · 권리 등을 사양하여 남에게 밀어주거나 자기의 의견이나 주장을 굽혀 물러서고 남을 위하여 자기의 이익을 희생하는 것을 말한다. 만약 용서하고 이해하고 양보하는 아량이 없다면 관용을 베풀기도 어려울 것은 물론이다.

누구나가 죄를 저지르거나 잘못을 했다면 잘잘못을 분명하게 가려 거기에 상응하는 벌을 받게 하거나 대가를 치르게 하는 게 올바른 일일 것이다. 그리고 그렇게 하는 게 정의사회를 구현할 수 있는 길일 것이다.

그러나 반드시 그렇게 해야 바람직하다고 할 수만은 없다. 물론 어떤 죄를 저지르고 어떤 잘못을 했느냐에 따라 대처방법을 달리 해야 하겠지만 사안에 따라서는 융통성 없이 엄격하게 대처하는 것만이 바람직한 것은 아니라고 생각한다. 매사를 관용의 베풂이 없이 대처하는 것은 우리 사회를 각박하게 할 뿐 아니라 또 다른 부작용을 야기할 수 있기 때문이다.

지금이야말로 서로가 서로에게 관용을 베풀며 서로를 끌어안고 평화적 공존과 공동의 번영을 이뤄나가야 하는 지혜가 절실한 때라고 생각한다.

법원의 조정위원으로 있을 때 겪었던 일이 생각난다. 대부분의 경우 서로 다투는 원 · 피고는 극심한 이해관계와 감정대립으로 좀처럼 자기의 주장을 굽히거나 조금도 손해를 보려하지 않는다. 오죽하면 소송까지 하게 되었을까를 생각하면 이해할 만도 하다.

그러나 설득 끝에 원 · 피고 서로가 상대를 이해하고 양보하며 관용을 베풀어 합의가 이뤄져 서로 악수를 하며 웃으면서 나갈 땐 흐뭇한 감정을 느낄 수 있었다. 얼마나 아름다운 광경인가.

우리 모두는 이해와 관용의 미덕이 우리 사회에 깊이 뿌리내릴 수 있도록 해야 한다는 책무를 자각하고 배전의 노력을 기울여 나가야 할 때다. 그래서 따뜻하고 인정 넘치는 살맛나는 세상이 되도록 해야 할 것이다.

한밭수필 2016 · 8호

피난살이의 추억

고향…. 나이가 지긋한 지금이지만 고향이란 말만 들어도 아련한 향수에 젖어들곤 한다.

나의 고향은 충북 진천에 있는 한적하고 깊은 산골 마을이다. 면사무소에 볼일이라도 있으면 10여리 길을 걸어서 가야하고 군청소재지와는 40여리나 떨어져 있다. 교통수단이 마땅치 않아 오고가는 길이 이만저만 불편한 게 아니다.

그나마 언제부터인가 마을 앞으로 차가 다닐 수 있는 큰 길이 뚫려 버스가 다니고 있기는 하다. 유일한 교통수단으로 버스를 이용하게 돼 환호할만한 일이었다.

그러나 버스가 하루에 한두 번밖에 다니지 않아 자유스러운 나들이는 역시 어려웠다. 어쩌다 읍내에라도 다녀오려면 버스 운행시간과 볼일시간, 귀가시간을 맞추기에 여간 신경이 쓰이는 게 아니었다. 지금도 승객이 적어 버스 운행횟수는 늘지 않고 있어 자가용차를 이용하지 않는 한 불편하기는 마찬가지다. 아직도 동네사람들이 신작로라고 부르는 이 찻길은 일제시대 지역민들의 부역으로 닦았다고 한다.

마을이래야 신작로 곁으로 여나무 채의 초가가 드믄 드문 들어서 있고 그곳에서 5분쯤 논틀길을 걸어가면 언덕위에 자리 잡은 5~6채의 초가가 전부다. 가구 수가 적으니 주민 수도 수10명 정도로 적을 수밖에 없다. 전체 가구 중 타성은 2~3가구에 불과하고 나머지는 같은 조상에게서 태어나 같은 성을 가진 집성촌이다. 주민 거의가 가깝거나 먼 친척들로 마을사람들은 가족적인 분위기에서 살고 있다.

태어나서 자란 곳이 고향이라면 엄밀하게 말해서 나의 고향이라고 하기엔 무리가 있을지 모른다. 하지만 할아버지, 아버지는 물론 윗대 조상님들이 대대로 오랫동안 터를 잡고 살아온 곳이기에 고향이라고 해도 틀린 말은 아닐 것이다.

삼형제의 둘째 아들로 태어난 아버님은 그 시대의 관습대로 16살 어린 나이에 일찍이 결혼을 하고 이곳에서 살림을 차렸다고 한다. 그러나 농사를 지으며 살아가는 시골생활이 싫으셨던 것 같다. 내가 태어나기 전에 노래에도 있듯이 호미자루 내던지고 무작정 혼자 서울로 올라가 방송국에 취직을 하면서 서울생활을 하게 되었다고 한다.

지금 같으면 아기를 출산하려면 시골에서 도회지의 병원을 찾아갔을 것이다. 그러나 그 당시의 어머님은 출산을 하기 위해 오히려 서울에서 시골 고향집에 내려가 나를 낳아가지고 오셨단다. 그러니까 나는 어렸을 때 그곳에서 자라지는 않았어도 고향에서 태어나기는 한 셈이다.

더구나 나는 서울에서 국민학교와 중 · 고등학교에 다니던 어린 시절에 방학 때면 가끔 고향에 내려가 며칠씩 묵으며 놀다 오기도 했다. 또 2차대전 말기와 6.25전쟁 중엔 고향으로 피난 가서 한동안 머물기도 했다. 그러니 그 곳이 나의 고향임에 틀림없고 추억을 떠 올리며 향수를 느끼게 되는 것은 당연하다고 할 수 있다.

2차 세계대전 말기 초등학교 저학년 학생일 때 피난 가서는 그곳 면사무소 소재지에 있는 국민학교에 정식으로 전학수속을 밟고 짧은 기간이긴 했지만 고향학교에 다니기도 했다. 책가방도 없이 보자기에 책과 도시락을 싸서 어깨에 메고 매일 10여리 길을 걸어서 다녀야 하니 무척 힘들었다.

학교에 오고 가는 길 중간쯤에 길 옆 산이 무너져 내려 산사태가 난 곳이 있었다. 이렇게 산이 무너져 흙이 쌓인 것은 호랑이가 산에서 내려와 어린아이를 물고 올라갈 때 생긴 흔적이라고 했다. 아이들이 도시에서 온 나를 골려주기 위해 지어낸 얘기거니 하는 생각을 하면서도 이곳을 혼자 지날 때면 머리카락이 쭈뼛 서고 걸음이 빨라지곤 했던 기억이 난다.

중학교에 입학한 후 얼마 안 돼 6.25전쟁이 발발하고 인민군이 몰려오자 외아들인 나는 부모님의 뜻에 따라 다시 고향으로 피난을 갔다. 첫 번째 갈 때는 옷 보따리와 간단한 생활필수품까지 챙겨 트럭에 싣고 트럭 위에 올라타고 편하게 갈 수 있었다. 그러나 두 번 째 갈 때는 차편을 구하지 못해 외가 식구들과 함께 대여섯 명이 그 먼 길을 걸어서 갈 수 밖에 없었다. 평평한 길을 걷기도 했지만 가깝게 질러가기 위해 길도 제대로 안 난 산등성이로 높은 산을 넘기도 하고 논틀길, 밭틀길을 따라 힘들게 걸어서 갔다.

도중에 음식을 사 먹을 식당도 없어 밥을 직접 해 먹기도 했다. 피난길에 밥상이나 그릇이 있을리도 없다. 낙엽이나 삭정이를 주워 모아 불을 지피고 큰 냄비에 밥을 해서 땅바닥에 놓고 일행이 삥 둘러앉아 각자가 숟가락으로 퍼먹었다. 한번은 밥을 먹는데 밥 냄비에 풍뎅이인가 검은 벌레가 날아들었다.

모두가 너무 배가 고팠던지 아무도 벌레를 집어 낼 생각을 않고 수저로 벌레를 이러저리 제쳐가며 밥을 퍼 먹기에만 바빴다. 벌레를 집어내는 시간에 한 숟가락이라도 더 먹어야겠다는 생존에의

욕구와 인간의 본능을 절감케 하는 광경이 아닐 수 없었다. 너무 충격적이어서 지금까지 잊혀지지 않고 있다.

고향에서 피난생활을 하는 동안 한 때 심각한 위기를 맞은 적도 있다. 북한군이 남진하면서 깊은 산골인 고향마을에도 영향을 미쳐오기 시작했다. 가족같이 함께 어울려 지내던 마을사람들이 패가 갈려 서로 반목하는가 하면 농산물의 수확량을 조사하고 다니는 등 마을 분위기가 냉각되며 어수선해졌다.

하루는 주막에 소년들이 모여 북한노래를 연습한다며 참석하라는 연락이 왔다. 그때 내게 무슨 뱃심이 있었던지 "노래연습은 해서 무엇하느냐? 나는 참석 안하겠다."고 하며 연락해온 소년에게 심한 욕까지 하며 돌려보냈다. 이후 "가만 두지 않겠다."는 협박조의 소리가 들려왔다. 한동안 엄청난 곤욕을 치를지 모르겠다는 불안감을 떨치지 못하며 조마조마한 마음을 진정하지 못하고 있었다. 그러나 어쩐 일인지 걱정하던 일은 바로 일어나지 않았고 그 후 북한군이 철수하면서 가슴을 쓸어내릴 수 있었다. 아마 전황이 급격히 불리해지면서 후퇴하느라 신경을 못 쓴 게 아닌가하는 생각이 들었다.

그러나 피난생활이 이렇게 궂은 일만 있고 고달프기만 했던 것은 아니었다. 길지 않은 피난 기간이었지만 여름이면 마을 앞 큰길 곁을 끼고 따라 흐르는 시냇물 웅덩이에서 마을 아이들과 어울려 멱을 감고 물장구를 치며 노는 즐거운 시간을 갖기도 했다. 또 시냇물에서 송사리를 잡거나 산골짝을 흐르는 물에서 가제를 잡는 재미를 즐기기도 했다. 겨울철에는 동네 청년들을 따라다니며 덫을 놓아 토끼사냥을 해보기도 했다.

그러나 이 같은 재미보다 보람을 느낄 수 있는 일도 있었다. 할

아버지께서는 동네 아이들을 모아놓고 한문을 가르치는 서당을 열고 계셨다. 보리수확 땐 보리 서 말, 가을 추수 땐 벼 서 말을 수확료로 받으셨다고 한다. 나도 동네 아이들과 섞여 한문과 한시를 배웠다.

그러나 언제까지 이렇게 고향에서 지낼 수는 없었다. 항상 기회가 되면 중단된 중학교 학업을 이어가야한다는 생각을 지울 수 없었다.

아무리 전란중이지만 이렇게 허송세월을 하는 게 안타깝게 여겨지던 때 내가 다니던 중학교가 부산에 피난학교를 세웠다는 소식이 들려왔다. 나는 다시 부산의 고모댁으로 피난처를 옮기고 학교에 복학을 했다.

바닷가에 판자로 지은 교실에서 수업을 하고 있었는데 당시는 교과 과정에 한문과목이 있었다. 나는 고향 서당에서 한문을 익힌 덕으로 뛰어난 실력을 발휘 할 수 있어 선생님의 칭찬과 함께 반우들의 이목을 끌어 자랑스러운 때가 있었다.

비록 고단하고 괴로웠던 피난 생활이었지만 이런 일들이 있었기에 지금도 고향생각만 하면 어릴 적 고향에서의 추억을 되새기며 향수를 느끼게 되는 것 같다.

지금도 종친회에서 고향마을 뒷산에 마련한 납골묘에 부모님을 모시고 있어 한식이나 추석 때 등 가끔 고향엘 들른다. 하지만 시대가 변해서 인가 옛날 어릴 때처럼 따뜻하고 푸근한 느낌이 들지 않는다. 이전 피난시절엔 생활이 어렵더라도 친척집이나 타성집이라도 들르게 되면 꼭 따뜻하게 대해주고 음식 대접도 받았다. 그런데 지금은 생활형편이 훨씬 나아졌는데도 그런 대접을 받지 못한다. 좀 서운한 마음이긴 하지만 그렇다고 고향에 대한 애착은 떨칠 수 없을 것 같다.

지금 북한은 미국을 비롯한 국제적 비난과 제재 속에서도 핵과 미사일을 계속 개발하면서 위협적인 태도로 공포분위기를 조성하고 있다. 꼭 무슨 일이 터질 것만 같은 느낌에 어느 때보다 불안감을 떨칠 수 없는 상황이다.

앞으로 고향을 가더라도 피난이 아닌 어린 시절의 추억을 되새기며 향수를 달래기 위한 방문이었으면 하는 바람이 간절하다.

한밭수필 2017 · 9호

배려하는 삶의 정착

며칠 전 어느 모임 식사자리에서 누군가가 "어떻게 사는게 잘 사는 것인가를 한마디로 한다면 무엇이라고 말할 수 있겠느냐?"는 질문을 받은 적이 있다. 잠깐 생각하던 나는 서슴없이 "항상 남을 배려하면서 사는게 잘 사는 것"이라고 대답해 줬다.

태어나서 한평생을 어떻게 살아야 잘 사는 것인가를 한마디로 요약하기란 쉬운 일이 아니다. 사람에 따라서는 다양한 대답이 있을 수 있겠지만 이렇게 주저없이 말할 수 있었던 것은 최근 '어떻게 살아야 잘 사는 것일까?'란 책을 읽어보면서 얻은 확신 때문이었다. 이 책을 펴낸 분은 독실한 불교신자로서 항상 남을 도와주려 노력하고 삶에 도움이 되는 덕담을 아끼지 않아 주위에서 존경을 받는 분이다.

누구나 살아가면서 가끔은, 더구나 여생이 얼마 남지 않은 노년기를 맞게 되면 "내가 지금 잘 살고 있는 것일까?" 또는 "내가 잘 살아온 걸까?"를 반문해보고 뒤돌아보곤 할 것이다.

우리는 누구나 안락하고 행복한 삶을 살아가되 가치있는 삶, 바람직한 삶, 후회없는 삶을 살고 싶은 게 간절한 소망일 것이다. 그러나 어떻게 해야 그런 삶을 살 수 있을지 쉬운 일이 아니다.

일반적으로는 누구나 돈을 많이 벌어 부유하게 살고 싶어한다. 그리고 높은 지위에 올라 권력을 휘두르며 살고 싶어하는 게 인지상정이다. 그러나 이렇게 사는 것만이 잘 사는 것일까? 많은 유산을 받거나 부를 축적해 엄청난 재산을 가지고 살아온 사람들, 또 높은 지위에 올라 여러 사람을 거느리고 권력을 누리며 살아온 사람들 중에도 인생을 헛살았다거나 잘못 살았다고 후회하는 이들이 적지 않다. 그러나 이미 늦어 지나온 생을 되돌릴 수는 없는 노릇이다.

다양한 모습과 성격을 가지고 태어나 상이한 환경에서 살아온 여러 사람들이 한데 어울려 살려면 많은 문제가 생길 수 있다. 이 같은 문제를 해소하고 잘 살아가려면 서로가 지켜야 할 원칙과 조화가 필요하다. 명문의 제도적 법규는 말할 것도 없지만 이외에도 남을 배려하는 마음은 공동사회에서 꼭 필요하다는 생각이다.

배려(配慮)의 사전적 의미는 "보살펴 주려고 이리저리 마음을 써 주는 것"으로 풀이돼 있다. 배려는 상대방을 이해하고 도와주려는 마음이고, 남의 어려움을 풀어주고 무엇인가를 나누려는 마음이며, 다른 사람을 관용하고 존중하려는 마음이다.

배려의 가장 보편적인 실천덕목은 기부나 봉사일 것이다. 재산을 모으는 것도 중요하지만 가진 것을 서로 나누는 일은 더욱 바람직하다. 나누는 것은 반드시 물질만이 아니다. 시간, 노동, 재능 등을 제공하는 봉사의 방법도 있다. 또한 기부나 봉사 등 적극적인 실천뿐 아니라 "고맙다"는 말 한마디는 물론 노약자에게 자리를 양보하거나 바쁜 사람에게 길을 비켜주는 등 일상생활에서 쉽게 할 수 있는 일도 배려다.

어려운 처지에 있는 이웃에게 물질적이든 정신적이든 항상 도움을 주고 위로와 격려, 양보와 관용으로 희망과 편의를 주며 사는게 배려하는 삶이다. 배려하는 삶을 살아갈 때 보람과 함께 진정한 삶의 가치를 느낄 수 있으며 풍요롭고 행복한 삶을 영위할 수 있게 될 것이다.

그러나 우리 사회의 기부문화는 아직 바람직한 수준으로 정착되지 못하고 있다. 매년 연말연시면 '사랑의 온도탑', '구세군 자선남비' 등 기부운동을 집중적으로 펼치고 있지만 만족할만한 결과를 얻지 못하고 있다. 통계청 발표에 의하면 13세 이상 국민 중 1년동안 기부를 해 본 사람은 30여 %에 불과한 것으로 나타났다. 또한 세계기부지수도 우리나라 경제규모로 보아 다른 나라에 비해 매우 낮은 수준이라고 한다.

기부나 봉사뿐 아니라 배려하는 마음이 없기 때문에 일어나는 불미스러운 사건들도 많다. 최근 우리 사회에 엄청난 물의를 빚고 있는 사건들만 살펴봐도 배려하는 삶이 얼마나 중요한지 알 수 있다.

기내에서 견과류를 봉지째 준다고 아랫사람에게 안하무인격으로 언어폭력을 행사한 대한항공 부사장의 '땅콩회항사건'은 전국민의 지탄을 받는 엄청난 사회적 파장을 일으켰다. 이 사건은 부사장이 아랫사람의 입장이나 승객들을 배려했다면 일어나지 않았을 것이다.

인천의 한 어린이집에서 김치를 먹지 않고 뱉는다고 보육교사가 네 살배기 원아에게 지나치게 폭행을 한 사건도 마찬가지다. 만약 보육교사가 원아나 그의 부모, 또는 보육원을 배려했다면 이런 일은 없었을 것이다.

경기도 부천의 한 백화점 주차장에서 모녀 고객이 차를 빼달라고 한 아르바이트 주차요원을 무릎 꿇리고 폭언을 한 사건도 그렇다. 이들 모녀가 주차요원의 처지를 조금이라도 배려했더라면 이렇게 안 했을 것이다. 또한 서울 압구정동의 한 아파트 단지에서 입주민의 폭언에 시달리던 경비원이 인격적 모욕을 이기지 못하고 자살을 기도한 사건도 모두가 상대방에 대한 배려가 없었기 때문에 일어난 사건들이다.

최근 사회적 문제로 부각되고 있는 갑을(甲乙) 관계의 부조리도 역시 상대방을 배려하려는 마음이 결여돼 있기 때문이다. 돈이 있다고, 권력이 있다고, 상대보다 나은 위치에 있다고 못 가진 자나 약한 자를 교만하게 대하거나, 부당행위를 강요하거나 폭력을 휘두르는 행위는 우리 사회의 추악한 단면이다.

공기업이나 재벌기업들이 하도급업체나 중소협력업체에 거래상 우월적 지위를 남용 물품대를 후려치거나, 잡무를 대행시키거나, 인건비를 부담시키는 등의 다양한 부당행위로 갑으로서 횡포를 부리는 경우도 많이 있다. 이 모두가 우월적 지위에 있는 자들이 약자의 처지를 배려하지 않는데서 비롯된 것이다.

우리 사회가 가진 자와 못 가진 자, 힘 있는 자와 힘 약한 자, 지배자와 피지배자의 한쪽이 다른 한쪽을 지배하고 이에 저항하는 대립적 구조는 바람직하지 않다. 상대방을 이해하고 배려하려는 마음과 노력이 있다면 누구와도 소통할 수 있고 노사관계, 주종관계, 이해관계에서 파생되는 분쟁도 해소시켜 나갈 수 있을 것이다. 배려하는 삶이 없는 사회가 얼마나 삭막할지 상상할 만하다.

배려는 강자가 약자에게 일방적으로 베푸는 자선이어선 안 된다. 일방적인 배려는 오히려 배려를 받는 자의 자만심을 유발할 수 있다. 강자는 약자를 약자는 강자를 서로가 서로를 배려하는 풍토가 정착돼야 훈훈하고 풍성한 사회분위기를 조성해 나갈 수 있을 것이다.

그러나 우리 사회는 아직 이기주의, 자기중심주의가 팽배하여 서로를 배려하려는 마음이 부족하다는 느낌이다. 이제 우리도 곧 일인당 소득 3만 달러의 시대를 맞게 된다. 이에 걸맞은 바람직한 기부의 문화, 배려하는 삶을 정착시켜 나갔으면 한다.

문학사랑 2015 · 봄호

문경새재의 추억

문학사랑에서 기획한 문학기행으로 문경새재를 다녀왔다. 말로 듣고 글로 봤을 뿐 직접 가보기는 이번이 처음이다.

함께 간 일행 중에 한두 차례 다녀온 듯 익숙해하는 사람도 더러 있었다. 문경새재라면 옛날 청운의 뜻을 품고 선비들이 과거보러 한양엘 드나들 때 넘던 높고 험한 고개라는 게 알고 있는 전부인 나에겐 값진 볼거리가 많았다.

그동안 삶에 얽매어 바깥세상을 넓게 돌아보지 못하고 생활주변서만 맴돌며 우물 안 개구리처럼 살아온 게 후회스럽게 느껴졌다.

마침 문경엘 갔을 땐 막바지이긴 하지만 사과축제가 열리고 있었다. 문경이 사과의 고장이라는 사실도 이번에 처음 알았다.

주차장에서 제1관문으로 가는 길가에 사과를 진열해 놓은 특별판매점이 수십개 들어서 있었다. 판매점마다 사과를 썰어놓고 시식토록 해 나도 한쪽을 집어 맛을 봤다. 출출하고 목도 마른데다 양도 감질나게 한입거리여서일까 이제까지 먹어본 사과 중에 가장 맛이 있다는 느낌이었다.

실제로 문경사과는 육질이 단단하고 당도가 높으며 저장성도 좋다고 한다. 사과판매점 중에 오미자를 곁들여 진열해놓고 파는 곳도 있었다. 오미자도 문경의 특산품으로 유명하다고 한다.

오미자는 신맛, 단맛, 쓴맛, 짠맛, 매운맛의 5가지 맛이 한데 어우러져 한방에서는 약재로 쓰며 일반 가정에선 술을 담가 먹거나 오미자청과 차를 만들어 먹고 있다.

매년 9월경엔 오미자축제가 열린다고 한다. 동로면 오미자 권역에는 오미자 복지문화센터, 오미자 터널, 먹거리체험장 등이 있다고 하는데 둘러보지 못해 아쉬웠다.

문화해설사의 안내를 받아 사과판매점 거리를 지나니 문경새재의 첫 번째 관문인 주흘관이 눈 안에 들어왔다. 백두대간의 조령산을 넘는 문경새재엔 3재의 관문이 있는데 임진왜란 후 설치하여 국방의 요새로 삼아왔다고 한다. 지금은 사적 제147호로 지정돼 있다.

영남과 한양을 잇는 가장 높고 험한 고갯길인 문경새재는 옛 선비들이 청운의 뜻을 품고 넘나들던 길로 이 길로 넘어야 과거에 급제할 수 있다고 해서 장원급제길이라고 한단다. 그래서 당시 선비들은 일부러 멀리 돌아 이 고개를 넘어 한양엘 가기도 했다고 문화해설사는 설명을 했다. 퇴계 이황, 백담 구봉령, 학봉 김성일, 서애 유성룡 등 많은 선비가 이 고개를 넘나들었다고 한다.

3개의 관문을 통해 가는 문경새재 길은 주흘산과 조령산 일대의 원시림이 아직 자연 그대로 보존돼 있어 풍경이 아름답고 많은 문화유적이 남아있어 자연과 역사와 문화가 어우러진 곳이라고 한다.

특히 제1관문에서 제3관문까지 가는 길은 흙길이어서 이 길을 맨발로 걸으면 건강에 도움이 된다고 한다. 흙길을 맨발로 걸으면 땅이 발바닥을 자극해 피로가 쉽게 풀리고 전신의 혈액순환을 촉진하는 한편 면역기능을 향상시키고 관절염 예방에도 효과가 있다고 한다. 맨발로 걸어봤으면 하는 생각도 해봤지만 우리 일행 중에는 구두를 벗는 용기를 내는 사람이 없었다.

해설사의 설명에 의하면 박정희 대통령 시절 문경새재길을 포장하려 했지만 대통령의 지시로 포장을 못하고 아직도 흙길로 남아 있게 됐다고 한다. 지금 생각하면 참으로 다행스러운 조치였다고 여겨진다.

제1관문인 주흘관은 숙종 34년 1708년에 축조됐으며 3개 관문 중 옛 모습을 가장 잘 간직하고 있다고 한다. 높은 돌담 위에 우뚝 솟은 한식 기와지붕이 웅장해 보였다.

제1관문을 지나면 왼편에 문경새재 오픈 세트장이 자리잡고 있다. 조선시대 촌락과 저자거리, 사대부집, 그리고 경복궁과 광화문 등 그 시대의 풍경을 재현해 놓아 사진작품이 이곳에서 촬영되고 있다고 한다. 한번 돌아보고 싶었지만 역시 시간에 쫓겨 포기할 수밖에 없었다.

제2관문을 향해 올라가는 길에 지름틀바위를 비롯해 기괴한 자연모습과 문화유적들에 대한 해설사의 설명을 들으며 흥미를 돋웠다.

날씨가 좋은 편은 아니어서 버스 타고 가는 동안 잠시 비가 오기도 했지만 다행히 문경새재에 도착했을 땐 걱정하던 비는 안 왔다. 그러나 하늘이 흐리고 바람이 거세어 길 양편으로 우거진 나무가 바람에 흔들리며 낙엽을 흩날려 스산하면서도 신선한 기분을 느끼게 했다. 제2관문을 가기 전 이미 정오가 지나 배도 고플 뿐 아니라 식당과 예약한 시간을 대느라 도중에 돌아설 수밖에 없었다.

제2관문 조곡관은 그 아래 흐르는 계곡과 관문이 어우러져 3개 관문 중 가장 경관이 아름답다고 한다.

또한 경상북도와 충청북도의 도계에 자리잡은 제3관문 조령관은 새재 정상에 우뚝 솟아 늠름해 보이며 오랑캐를 막기 위해 쌓았기 때문에 왜적의 침입을 막는 제1관문과는 반대로 북쪽을 향하고 있다고 한다.

쉽게 와보기 어려운 길이라서 제2, 제3관문을 돌아보고 싶은 마음이 간절했지만 우리 일행은 아쉬움을 안고 돌아서야만 했다.

점심은 주차장에서 버스로 10여 분 거리에 있는 곳으로 돌가루를 먹여 길렀다는 문경약돌 돼지고기구이를 먹었다. 돌가루를 먹여 키웠다니 이 역시 처음 먹어보는 음식이었지만 특별한 맛은 느끼지 못했다.

점심을 먹은 후엔 도자기박물관엘 들렀다. 이곳에는 문경전통도자기와 제작과정 소개, 문경지방에서 출토된 자기류와 지역 도예인들의 작품이 전시돼 있었다.

문경도자기는 찻사발 등 주로 서민들이 사용하던 것으로 꾸밈이 없고 자연스러운 모양이어서 우리 민족 고유의 순수한 멋과 투박한 정서를 잘 표현하고 있다고 한다.

그래서인가 매년 문경에선 전통 찻사발 축제를 개최하고 기획행사로 전국 찻사발 공모대전을 열어 문경이 찻사발 고장임을 널리 알리고 장인정신을 발전시키기 위해 노력한단다.

도자기 박물관을 대충 돌아보고 문경석탄박물관으로 갔다. 우리나라 제2의 탄전지대였던 문경에 석탄박물관을 세워 탄광모습과 석탄사용의 역사적 사실들을 체계적으로 전시, 역사 교육관으로 활용하는 동시에 석탄에 대한 기억을 되새기게 했다.

지금은 전기, 석유, 가스의 공급으로 석탄의 수요가 크게 줄었지만 옛날 한때는 석탄이 주요 에너지원으로 국가기간산업의 중추적 역할을 했을 뿐 아니라 국민생활에 유일한 연료로 사용된 적이 있었다.

2,3층 전시실에 석탄에 대한 총체적인 이해를 할 수 있도록 석탄 산업의 역사와 함께 채탄에서 사용에 이르기까지 석탄의 모든 것을 전시해 놨다. 석탄의 기원, 광물과 화석, 탄광과 광부의 생활, 채탄장비와 석탄장, 그리고 분탄과 연탄 등이 전시돼 있다.

석탄박물관의 전시물을 둘러보면서 어릴 적 분탄을 사서 주먹으로 뭉쳐 말려서 연료로 사용하던 때와 지금보다 크기가 작은 구공탄을 쓰던 때의 추억이 되살아났다.

나오는 길, 당시의 탄광촌을 배경으로 전시해 놓은 이발소, 대포집, 구판장 등을 돌아보고 당시 광부들의 생활상도 엿볼 수 있었다.

문경지역에는 문경새재를 중심으로 철로자전거, 관광사격장, 활공랜드, 온천, 사찰 등 볼거리, 즐길거리가 많아 1일 코스로 다 둘러보기엔 무리다. 앞으로 기회가 되면 다시 와보고 싶은 곳이다.

문경지역을 돌아보면서 생각지 못했던 볼거리 즐길거리로 다양한 경험을 얻었고 많은 것을 느낄 수 있었다.

이번 가을 문학기행을 통해 값진 경험을 얻을 수 있게 기회를 주신 문학사랑 리헌석 회장님과 일선에서 수고가 많았던 이영옥 편집장님께 감사의 말씀을 드린다.

문학사랑 2015 · 겨울호

소곡주의 추억

대전문학사랑협의회가 주관하는 문학기행 행사에 참여, 충남 서천지역 일원을 돌아보고 왔다.

나이를 먹은 탓인가 항상 몸이 무겁게 느껴지고 피로감을 쉽게 떨쳐내기가 어려워 원행을 한다는 게 조금은 걱정스럽기도 했다.

하지만 일상의 무료함을 달랠 수 있는데다 오랜만에 개미 쳇바퀴 돌 듯 뱅뱅 돌던 대전지역을 벗어나 다른 지방을 여행하며 기분전환을 할 수 있는 기회가 될 것 같아 한편 반갑고 마음이 설레기까지 했다. 더구나 한동안 소원했던 문학동호인들과 시간을 함께 하며 정담을 나눌 수 있다는 생각에서 기대가 컸다. 또한 오랜만에 산지에서 소곡주를 마시며 옛 추억을 반추하는 시간도 갖게 되리란 생각도 들었다.

충남 서천지역 얘기만 하면 한산이 떠오르고 '한산' 하면 소곡주와 모시가 연상된다. 한산 소곡주는 찹쌀로 오래 숙성시킨 전통 민속주로, 한산 모시는 모시풀 줄기를 이용한 전통 천연섬유로 우리 지역뿐 아니라 전국적으로 모르는 사람이 없을 정도로 오랜 세월 동안 널리 알려져 온 명품들이다.

특히 소곡주의 경우 오랫동안 애주가들의 선호도가 꾸준히 높아져 현재에도 많은 사람들이 즐겨 마시는 것으로 알려져 있다. 나의 경우도 젊었을 때처럼 한자리에서 많은 양을 마시지는 못하지만 집에 소곡주가 떨어지지 않게 항상 냉장고에 비치해 놓고 지금도 가끔 한두 잔씩 반주로 즐기고 있다.

소곡주와 처음 인연을 맺게 된 계기는 30~40년 전 술을 즐기던 젊었을 때 가끔 직장에서 서천지역으로 출장을 가게되면 주변의 권유에 따라 소곡주 마을에 들러 소곡주를 사다 마시곤 한 때부터였다. 당시에는 지금과 달리 공장에서 대량으로 생산·판매하는게 아니라 여러 가정에서 소규모로 빚어 팔고 있었다. 때문에 술맛이나 주도가 조금씩 달라 그 지역을 잘 아는 현지 지인이 어느 집 술이 잘 됐는지 수소문해 제일 맛이 좋다는 술을 구해다 마시곤 했다.

그때 마시던 소곡주의 맛과 향을 아직도 잊지 못하며 동료들이나 친지들과 어울려 즐기다 보면 때로는 너무 많이 마셔 지나치게 취하기도 했던 기억이 생생하다. 그 이후 기회가 되면 소곡주를 찾아 즐겨 마셨고 우연히도 소곡주를 좋아하는 가까운 분이 명절 때면 1~2병씩 선물로 줘 집에 두고 제주로 쓰기도 하고 반주로 마시기도 했다.

소곡주는 1,500년 전 삼국시대 때부터 한산지방에서 대대로 전승되어 빚어온 술이라고 한다. 백제가 멸망한 후 백제유민들이 나라 잃은 한을 달래기 위해 하얀 소복을 하고 술을 빚었다고 해서 소곡주라고 불리게 됐다고 한다.

소곡주는 한산지역에서 나는 찹쌀과 누룩을 주원료로 술독을 땅에 묻어 발효시킨 후 100일 간 오랜 숙성과정을 거쳐 빚는다고 한다. 술맛이 쌉싸름하면서도 감미롭고 부드러운데다 그윽한 향기가 독특해 애주가들의 사랑을 받고 있다.

주도는 물을 얼마나 잡느냐에 따라 달라진다고 하지만 비교적 높아 술맛에 끌려 취하는 줄 모르고 거듭 마시다 보면 다리에 힘이 빠져 일어서기가 어렵다고 해서 '앉은뱅이술'이란 별명이 붙어있다. 한 번은 소곡주로 내린 소주를 갖고 고향 부모님 산소로 성묘를 갔다가 제주를 나눠 마신 여러 사람이 다리에 힘이 빠져 산을 내려오며 여러 번 주저앉았던 기억이 난다. 다른 술은 취하도록 마셔도 다리에 힘이 빠져 주저앉아본 적이 없었는데 소곡주에 앉은뱅이술이란 별명이 붙은 연유를 실감할 수 있었다.

최근 경상도지방 등 타 지역에서 소곡주를 생산하고 싶어 한산에서 찹쌀과 누룩 등 재료를 가져다가 한산에서와 같은 그대로의 방법으로 술을 빚어봤지만 맛과 향을 제대로 내지 못해 실패했다고 한다. 술을 빚는 재료도 중요하지만 한산지방 고유의 기후나 토질 등 자연환경조건과 다르기 때문이 아닌가 생각된다. 한산지방에선 공기 좋고 물 좋은 건지산 밑자락 청정지역에서 건지산 맑은 물로 소곡주를 빚는다고 한다.

소곡주의 역사가 오래다 보니 소곡주에 얽힌 일화도 적지 않다. 조선시대 한양으로 과거를 보러가던 한 선비가 한산지방을 지나면서 목이나 축이고 가려고 주막에 들렀다고 한다. 주막에서 소곡주 맛을 본 이 선비는 술맛에 반해 여러 잔을 거듭 마시게 됐고 취흥이 돌아 시를 읊으며 시간가는 줄 모르고 즐기다 결국 과거시험에 응시를 못했다는 얘기가 전해오고 있다. 또 도둑이 물건을 훔치러 남의 집에 들어갔다가 소곡주 술독을 발견하고 술맛을 보다 역시 그 맛에 끌려 여러 잔을 마시게 돼 술에 취해 잡혔다는 얘기도 있다.

마침 한산을 갔을 때는 소곡주축제가 열리고 있었다. 길 양편으로 죽 들어선 부스에선 소곡주의 장인들이 저마다 자기네가 빚은 술이 좋다고 선전하며 소곡주를 판매하고 있었다. 각 부스엔 시음을 할 수 있도록 간단한 안주를 준비해놓고 지나는 사람들을 불러들여 소곡주를 한 잔씩 따라주고 있었다. 하도 여러군데 술을 맛보다 보니 어느 부스의 술맛이 좋은지 비교할 수 없었지만 여러 부스를 거쳐가며 한 모금씩 마시다보니 어느새 얼큰해졌다.

식당에서 점심을 먹으면서도 주최측이 마련한 소곡주를 함께 한 동호인들과 어울려 반주로 마시고 나니 오랜만에 소곡주로 취흥을 돋을 수 있었다.

소곡주 못지않게 오랜 역사를 지닌 모시를 생산하고 있는 모시마을을 돌아보고 한산모시의 역사와 제작과정을 살펴봤다.

한산모시는 삼국시대부터 한산의 건지산에서 자생하고 있는 모시풀을 원료로 옷감을 짰다고 한다. 그 옛날 어떻게 모시풀의 껍질을 벗겨 옷감을 만들 생각을 하게 됐는지 신기하기조차 하다.

한산모시는 올이 섬세한데다 단아하고 청아한 멋이 있어 예로부터 시원하고 아름다운 여름철 옷감으로 최고임을 인정받아 왔다. 백옥처럼 희고 맑아 고려시대 이후 상류사회에서 즐겨 입었다니 선비의 고결한 기품을 상징했음을 알 수 있다.

어렸을 때 여름철이면 부모님이 모시옷을 입고 계신 모습을 보고 깨끗하고 시원함을 느낄 수 있었다. 나도 지접 입어보면서 무더운 여름날에 시원함을 느끼긴 했지만 까칠까칠한 감촉이 껄끄러워 입기 싫다고 했다가 어머님에게 야단맞았던 기억이 난다.

지금은 모시옷을 입은 모습을 쉽게 볼 수 없지만 현대생활에서도 화학섬유가 아닌 자연그대로의 천연섬유로 된 한산모시를 민족의 고유한 전통옷으로 계속 발전시켜 나갔으면 하는 생각이 든다.

시간에 쫓겨 주마간산격이긴 하지만 국립생태원과 신성리 갈대밭, 문헌서원 등도 돌아봤다.

소곡주나 모시처럼 오랜 역사를 지니진 않았지만 최근 몇 년 새 서천에는 지구생태계를 체험할 수 있는 여행지로 국립생태원이 조성됐다. 4,500여 종의 동 · 식물이 항온, 항습기능이 갖춰진 곳에서 살아 움직이고 자라는 아쿠아리움을 비롯해 열대관, 사막관, 지중해관, 온대관, 극지관 등 세계 5대 기후에 생태체험을 할 수 있는 곳이다.

이곳에선 우리나라의 숲과 습지는 물론 각 기후대별로 대표적인 식물을 비롯해 어류, 파충류, 양서류, 조류 등 쉽게 볼 수 없는 신기하고 아름다운 동식물을 직접 만날 수 있다. 국민에게 다양한 기후대별 생태계와 한반도의 대표적인 숲과 습지 등을 관람하고 체험할 수 있도록 서비스를 제공해 주고 있다.

아울러 국립생태원은 상이한 생태계에 대한 연구, 전시, 교육을 융합한 아시아권역 생태분야의 대표적인 기관으로의 역할을 자처하고 있다. 기초생태학의 기반을 확립함은 물론 기후변화에 적응하고 이에 대흥하기 위한 국제협력 및 공동연구를 함으로써 생물다양성의 생태학적 연구활성화를 위해 설립됐다고 한다.

앞으로 서천의 국립생태원이 연구기관으로 또 전시, 체험기관으로 국내는 물론 세계적인 명소가 되기를 기대해 볼만하다는 생각이 들었다.

신성리 갈대밭도 한국관광공사가 선정한 7곳 중 4대 갈대밭의 한 곳이라고 한다. 파란 하늘과 맞닿을 듯 광활하게 펼쳐진 대규모

갈대밭을 얼핏 보면 평범한 갈대밭처럼 보이기도 하지만 키높이를 넘어 자란 갈대밭 사잇길을 걷노라면 신선하고 신비스러운 느낌마저 들게 한다. 사랑하는 사람끼리 손잡고 걸어봄직한 길일 듯 싶다.

고려 삼은의 한 분인 이색의 자취가 서린 문헌서원도 잠깐 돌아봤다. 고려 말의 충신인 목은 이색 선생과 가정 이곡 선생의 학문적 덕행을 추모하기 위해 420여 년 전 선조 27년에 세운 서원이다.

이전에 가끔 서천지역엘 가면 한산에 들러 소곡주를 마셔보긴 했지만 이렇게 다양한 볼거리가 있는 줄은 미처 몰랐다. 이번 문학기행은 많은 것을 보고 배우며 다양한 체험을 한 값진 여행이었다는 생각이 든다. 앞으로 기회가 되면 시간을 넉넉히 잡아 차분히 다시 돌아보고 싶은 심정이다.

이색적인 체험을 하도록 기회를 주신 문학사랑협의회와 오늘의 문학사 여러분에게 고마운 마음을 전하고 싶다.

문학사랑 2017 · 봄호

백제문화의 보고 부여

충청문화예술협회와 사단법인 문학사랑협의회가 협력하여 '우리 지역 예술문화 다시 보기' 사업의 일환으로 기획 추진한 부여지방 '예술문화 탐방'을 하고 왔다.

부여지방엔 우리나라 옛 삼국시대 백제의 천년 고도로 백제문화의 흔적들이 널려있다. 이 흔적들이 세계 문화유산의 보고로 그 가치를 인정받아 유네스코에 등재된 우리 고장의 자랑스러운 문화유산이다.

1400년 전 700년 동안 백제의 도읍지로 존속했던 부여엔 당시의 왕궁지와 왕릉유적. 그리고 무량사 등 수많은 불교유적들이 분포돼 있다. 또한 백제시대 성터인 부소산 일대엔 군창지, 낙화암, 고란사, 영일루, 사자루, 삼충사 등이 있어 찬란한 백제 역사를 엿볼 수 있다.

그 뿐만이 아니다. 백제가 나당연합군에 의해 패망하면서 목숨을 던진 백제 여인들, 황산벌에서 끝끼지 항쟁하다 장렬하게 산화한 영령들의 한 맺힌 넋들이 잠들어 있다.

부여는 대전에서 그리 멀지 않은 충남도에 있는데다 이전 직장에 있을 때 몇 번 가보기도 했다. 그러나 그때는 회사일로 잠깐씩 볼 일을 보고 왔을 뿐 관광이나 탐방을 목적으로 다녀온 적은 없었다. 더구나 최근엔 한동안 가보지 못했다. 그래서인가 모든 게 새롭고 낯설게 느껴졌다.

대전에서 아침 8시쯤 떠난 버스가 두어시간 남짓 걸려 첫 번째 도착한 곳은 부여 외산면 만수리에 있는 천년 고찰 무량사였다. 평소에 심한 배멀미, 차멀미로 괴로움을 겪기 일쑤여서 이날도 크게 걱정이 됐었는데 멀미증상이 오지 않아 다행스러웠다.

무량사는 통일신라시대 문성왕대 범일국사가 창건한 사찰로 전해지고 있다. 무량사의 무량(無量)은 목숨을 셀 수 없고 지혜를 헤아릴 수 없다는 뜻으로 이런 곳이 바로 극락이며 이를 지향하는 곳이 무량사라고 해서 붙인 이름이라고 한다.

무량사는 만수산의 울창한 산림으로 둘러싸여 신선한데다 주위가 호젓해 산책을 즐기기에 알맞은 곳이라고 한다. 하지만 일정에 쫓겨 그럴 여유는 갖지 못했다. 주변의 단풍도 뛰어나게 아름답다고 하지만 아직 이른 가을이라 아쉽지만 볼 수 없었다.

무량사에서 생육신의 한 사람인 매월당 김시습이 마지막 생을 보냈다고 한다. 그래서 그의 시비와 부도탑이 이곳에 있어 돌아봤다. 김시습은 세조가 조카인 단종의 왕위를 찬탈한 사건인 계유정란에 반발해 벼슬길에 오르지 않고 전국 곳곳을 떠돌다가 출가를 했다고 한다. 그는 조선조 제일의 시인이며 학자로 조정의 잘못된 정치를 질타하는 호방한 문인으로 알려져 있다.

우리 일행은 무량사와 김시습시비, 부도탑을 돌아보고 버스에 올랐다. 신동엽 문학관과 시비, 생가가 있는 부여읍을 향해 떠났다.

신동엽은 우리나라 1900년대를 대표하는 문학인으로서 한국의 서정시인, 민족시인으로 평가를 받고 있다. 강렬한 저항의식을 시화한 「껍데기는 물러가라」를 비롯해서 「금강」 「산에 언덕에」 「누가 하늘을 보았다 하는가」 등의 대표작품을 남겼다.

신동엽은 1930년 8월 부여에서 태어나 1969년 만 39세의 젊은 나이에 간암으로 병사했다. 그는 일제 강점기에 태어나 해방과 미군정, 6.25동란과 4월혁명 등을 거치며 극도의 혼란과 고통스러운 삶속에서 뼈저린 아픔과 갈등을 겪었을 것이다. 그리고 그 시대 이 땅의 대부분의 사람들이 그랬듯이 빈곤하게 살았다고 한다. 그래서인가 그의 작품속엔 나라와 민족, 남자와 여자, 어른과 아이, 자연과 문명이 과거와 현재에 얽매이지 않고 평화스럽게 더불어 사는 좋은 세상에의 열망이 녹아있다고 한다.

신동엽문학관엔 그의 작품과 많은 육필원고 그리고 그를 다룬 서적들을 비롯해 그의 생애를 엿볼 수 있는 유품들이 전시돼 있다. 또한 그의 시비가 부여읍 금강기슭과 부여초등학교, 단국대학교와 전주교육대학에 세워져 있다. 그에 대한 관심과 평가는 그가 죽은 후에 더욱 높아진 것으로 보인다. 인생이나 문학이 한참 무르익을 만한 나이에 병사, 뜻 있는 많은 이들을 안타깝게 하고 있음을 알 수 있다.

바삐 움직이다 시간을 맞추지 못해 조금 늦은 점심을 먹었다. '사비향'이란 연잎밥 전문식당에서 소곡주를 반주로 곁들여 맛있게 먹었다. 연잎밥을 처음 먹어본 것 같은데 독특한 맛을 즐길 수 있었다.

계획엔 점심 후 곁에 있는 궁남지에서 산책을 하도록 되어 있었는데 시간에 쫓겨 못들렀다. 궁남지는 우리나라에서 제일 오래된 인공연못으로 서동과 선화공주의 사랑이야기가 서려있는 곳으로 알려져 있다. 이전에 한두 번 가본 듯 한데 다시 한 번 돌아보고 싶었지만 부소산으로 발길을 돌려야 해 아쉬웠다.

부소산성은 백제 성왕때 공주에서 부여로 도읍을 옮긴 후 1백29년간 사비도성의 중심산성 역할을 했다고 한다. 평시에는 왕궁의 후원으로 이용됐지만 전시에는 적을 막는 방어용 성벽구실을 했다고 한다.

부소산성 내에는 군창지, 낙화암, 고란사, 영일루, 사자루, 삼충사 등 백제의 역사와 문화를 엿볼 수 있는 유적들이 밀집돼 있다. 문화재해설사의 설명을 잠시 들은 후 유적들을 돌아봤다.

삼충사는 백제때 충신이었던 성충, 홍수, 계백의 충절을 기리기 위해 1957년에 세운 사당이다. 백제 의자왕때 좌평 벼슬자리에 있던 성충은 잘못된 정치를 바로잡으려다 투옥돼 목숨을 버린 충신이다. 홍수는 나당연합군이 쳐들어오자 탄현을 지켜야 한다고 의자왕에게 간곡히 간한 충신이며 계백은 신라 김유신장군의 5만대군과 맞서 5천의 결사대를 이끌고 항전하다 황산벌에서 장렬하게 산화한 장군이다. 나라를 위해 목숨을 버린 이들의 충절은 후세에 길이 전해져 내려오고 있다.

낙화암은 부소산성 북쪽에 백마강을 내려다 보는 듯 우뚝 서있는 바위절벽이다. 나당연합군의 침입으로 백제가 망하자 의자왕의 3천궁녀가 절벽 밑 백마강으로 꽃잎처럼 몸을 날려 목숨을 버렸다는 애절한 전설이 서린 곳이다. 그러나 궁녀가 3천명이나 되고 그들 모두가 강물에 몸을 던져 죽었다는 전설에는 과장이 있는 듯 하다. 하지만 몇 명인지 정확히 모르지만 백제 여인들이 이곳에서 몸을 날려 목숨을 끊었다는 사실만은 틀림없을 것이다.

부소산 정상에는 목숨을 던진 백제여인들의 넋을 기리기 위해 백화정이란 정자가 있다. 또 낙화암 아래 백마강변에 있는 고란사는 규모는 작지만 역시 백제여인들의 원혼을 달래기 위해 창건됐다. 절 앞으로 금강이 흐르고 뒤로는 낙화암이 솟아있는 등 아름다운 풍치를 이루고 있다. 고란사에는 고란초와 고란약수가 있어 더욱 유명하다. 바위틈에서 솟아나는 약수는 한번 마시면 3년이 젊어진다는 전설이 전해지고 있다.

백마강은 금강줄기지만 부여 규암면에서부터 부여구간을 흐르는 하류부분을 백마강으로 부르고 있다. 유람선을 타고 강을 따라가면 낙화암, 고란사, 부소산 등 아름다운 경관을 즐기며 특별한 정취를 느낄 수 있다. 낙화암 절벽 아래쪽 바위에 낙화암이란 글씨가 새겨져 있는데 송시열이 쓴 것이라고 한다.

백마강 유람선은 황포돛배로 돛대가 달려있긴 하지만 바람의 힘으로 가는 게 아니라 엔진의 힘으로 움직이고 있었다. 그러나 백제때 일본과 당나라를 비롯 서역까지 교역을 했을 그 당시에는 바람의 힘으로 운행했을 것이다.

부소산성 서쪽에 있는 나루터 구드레 선착장은 백제시대땐 사비성을 출입하는 큰 항구였다고 한다. 이곳에서 배를 내리면 인근에 조각공원이 있고 여기에 정한모 시비가 있다.

정한모는 1923년 10월 부여에서 태어났으며 동인잡지 백맥에 「귀향시편」으로 등단한 후 27대 문화공보부장관, 문예진흥원장, 서울대 교수를 지냈다. 휴머니즘과 긍정적 미래관을 옹호하며 인간의 본질적인 순수서정을 시화했다. 그는 한국현대시 연구에도 힘써 1950년대를 대표하는 시인겸 국문학자로 평가받고 있다. 대표작으로 「아름다운 부끄러움」 「나비의 여행」 「카오스의 사족」 등이 있다.

마지막 일정으로 백제시대 왕들의 무덤인 능산리 고분군을 둘러봤다. 백제왕릉 중 규모가 가장 큰 곳으로 7기를 모셨다. 고분 중 아래에 있는 동하총이란 1호분 벽엔 사신도가 그려져 있고 천장엔 구름과 연꽃무늬가 아름답게 그려져 있다고 한다. 고구려와의 교류를 판단할 수 있는 귀중한 문화재로 평가받고 있지만 아쉽게도 공개를 하지 않아 볼 수 없었다.

최근 몇 차례 문학기행을 다녀오면서 많은 것을 보고 알게 되었으며 느낌도 많아 값진 여행이라는 생각이 든다.

이번에도 행사를 주선해 주신 충청예술협회와 문학사랑협의회 관계자 여러분에게 감사를 드리고 싶다.

문학사랑 2017 · 겨울호

문학사랑 향기 짙은 역사적 명소

문학사랑협의회가 주관한 '2017 춘계 문학기행' 행사에 참여 충주시 일원을 돌아보고 왔다.

같은 충청권에 살면서, 멀지도 않은 곳이지만 그동안 기회가 없어 충주시를 스쳐 지나친 적은 있는듯한데 가보지는 못했다.

언제나 그랬듯 나이가 지긋한 지금도 여행을 한다고 생각하니 마음이 설레었다. 더구나 가까이 있으면서도 생소한 곳이기에 기대도 되고 호기심마저 일었지만 한편으로는 "뭐 특별히 볼거리가 있겠는가." 하는 시들한 마음도 없지 않았다.

그러나 충주시를 돌아보면서는 이 같은 생각이 크게 달라졌다. 문학기행이라는 여행목적이 미리 정해져 제한적인데다 넉넉지 않은 시간으로 충분히 돌아볼 수 는 없었다. 그렇지만 충주시가 삼국시대 이래 중요한 역사성을 지닌 명소일 뿐 아니라 지난날 뛰어난 문학인을 많이 배출했고 현재도 많은 문학인들이 활발하게 활동하고 있어 문학의 향기가 짙게 시려있는 곳임을 확인할 수 있었다.

시립도서관 내에 있는 충주문학관을 비롯해 권태웅시인의 감자꽃 노래비, 호승 정영택 시인의 시비, 신경림 시인의 생가 등 문학 관련 유물과 기념물들이 충주시 곳곳에 자리 잡고 있다.

그리고 국보 제25호인 중원 고구려비와 신라의 탑평리 칠층석탑 등 중요한 역사적 유적과 충주호, 탄금대 등 명소들이 있어 이들을 돌아보며 깊은 감회에 젖을 수 있었다.

충주에 도착하면서 제일 먼저 들른 충주문학관엔 충주출신 작고 문인들과 현역 문인들을 소개하고 그들의 작품과 유품, 문학관련 자료들을 전시하고 있었다. 충주문학이 어디서부터 싹터 어떻게 맥을 이어왔는지 충주문학의 전부를 한눈에 알 수 있게 해주고 있었다.

또한 이곳엔 충주시민과 문학인들을 위해 언제나 문학행사를 할 수 있는 시설은 물론 문학관련 전시를 할 수 있는 공간도 마련되어 있어 충주지역 문학발전에 크게 활용될 수 있도록 하고 있었다.

이곳 제1전시실엔 작고한 작가들을 소개하면서 그들의 유품과 흉상 등을 전시해 놓고 있어 충주문학의 역사를 살펴볼 수 있게 해주고 있다. 이어지는 제2,3전시실엔 충주출신 현존 작가와 문학단체를 소개하면서 원로작가들의 작품과 문학지를 전시해서 현대 충주문학의 현황을 파악할 수 있도록 해주고 있다. 이와 함께 충주지역에 세워진 문학비들의 사진을 전시해 놓고 있다.

문학관을 둘러본 후엔 충주호의 탄금대로 자리를 옮겼다. '탄금대'하면 정규교육을 받은 사람이면 누구나가 우륵과 가야금, 그리고 임진왜란과 신립장군을 떠올리게 될 것이다.

이곳은 신라 진흥왕 때 우리나라 3대악성의 한분으로 명성을 떨친 우륵 선생이 가야금을 타던 곳이라고 해서 '탄금대'란 명칭까지 생겨 오늘날까지 그렇게 불러오고 있다. 이곳에 그의 위업과 넋을 기리는 추모비가 세워져 있다.

또한 이곳엔 임진왜란 당시 배수진을 치고 소서행장(小西行長)의 왜군과 맞서 싸우다 패하고 끝내 순절한 신립장군의 결사항쟁을 기리기 위한 충장공 신립장군과 팔천고혼 위령탑이 세워져있다.

이밖에 이곳엔 임진왜란 때 의병활동을 하다 장렬히 전사한 조웅장군의 충절을 기리는 기적비와 신립장군이 뜨거워진 활시위를 식히기 위해 오르내렸다는 열두대 등 임진왜란과 관련된 유적들이 곳곳에 남아있다.

이처럼 탄금대는 역사적으로 큰 의의를 지니고 있는 명소일 뿐 아니라 남한강이 절벽을 따라 휘감고 도는 데다 울창한 송림으로 경관이 아름다워 국가가 지정한 명승지로 시민들의 휴식처로도 애용되고 있다고 한다.

탄금대가 시민의 사랑받는 휴식공간으로 각광을 받게 되면서 이곳에 역사적 유적이나 기념물 외에도 충주문화원, 충혼탑, 야외음악당, 조각공원 등 문화, 공공시설이 들어서고 권태응시인의 감자꽃노래비도 세워진 듯하다.

권태응시인은 대학시절 반일사상 때문에 옥고를 치른 항일시인으로 비석에 그의 동요집 감자꽃의 노랫말을 새겨 그의 정신과 작품을 기리고 있다.

이어 대전의 문학사랑협의회가 건립했다는 호승 정영택 시비를 돌아봤다. 정영택시인은 대표작으로 시집 『모밀꽃』을 낸 이 고장 출신의 뛰어난 시인으로 〈조선문학〉 주간과 발행인을 역임했다고 한다. 문학비를 살펴보면서 옛날을 회상하며 새삼스러운 감흥을 느낄 수 있었다.

점심은 충주호에서 잡아 올렸을 메기매운탕으로 오랜만에 별식을 먹어봤다. 요즘 술을 많이 마시는 편은 아니지만 충주의 명주라는 청명주를 반주로 시음해봤다. 청명주를 빚는 장소가 바로 식당 옆이라기에 돌아봤는데 이곳에서 술병 등 도자기를 직접 빚고 있었다.

충주시는 역사적인 명소답게 우리나라에서 유일하게 이곳에서 출토된 고구려비를 보존하고 있었다. 이 비문의 내용이 광개토대왕릉비와 함께 우리나라 고대사의 비밀을 푸는 사료로 큰 역사적 가치를 지니고 있는 것으로 알려졌다.

이 비를 통해 만주로부터 남한강 유역까지 중원지방을 점령했던 고구려의 존재를 상세히 파악할 수 있게 해줬고, 동시에 이 비에는 당시 한강유역을 중심으로 치열한 각축을 벌였던 삼국관계와 고구려의 남진정책을 밝혀주는 귀중한 내용이 담겨있다고 한다.

이 비문에는 고구려와 신라가 주종관계에 있었음을 짐작케 하는 내용이 있으며 정치적 관계뿐 아니라 불교나 비석문화 등 고구려 문화가 신라와 백제에 전해져 큰 영향을 끼쳤음을 알 수 있게 해줬다고 한다.

충주시 가금면 탑평리에 세워진 충주탑평리 칠층석탑은 신라 때 지리적으로 나라의 중앙에 위치한다고 해 흔히 중앙탑으로 불리어 오고 있다. 이 탑은 높이가 12.86m로 신라시대에 조성된 석탑중에서 가장 높고 규모가 큰 것으로 알려져 있다.

전해져 오는 말에 의하면 먼저 이곳에 임시로 탑을 세워놓고 건강한 사람을 영토의 남과 북 끝에서 여러 차례 오고 가게 해 그때마다 탑정리에서 만나 이곳이 국토의 중앙임을 확인하고 거대한 석탑을 세웠다고 한다.

일제 강점기인 1917년 탑이 기울어 무너질 우려가 있다고 해 탑을 전면 해체하고 복원했는데 이때 탑신과 기단에서 구리거울, 목제칠합, 은제사리합, 청동제유개합 등 귀중한 역사적 유물들이 나왔다고 한다.

귀로에 마지막 코스로 신경림 시인의 생가를 둘러봤다. 집주변은 물론 집 전체가 정돈되지 않고 청소도 안 된 채 폐가로 방치돼 있어 "왜 이렇게 버려졌을까." 의아스러웠다.

충주지방을 처음 찾아 주마간산 격이긴 하지만 여러 곳을 둘러보고 충지지방이 우리나라의 중요한 역사적 명소임을 깨닫게 됐으며 문학적으로도 전 · 현존 유명 문인들을 많이 배출해 문학의 고장임을 확인할 수 있어 의미 있는 문학기행이었다는 생각이 들었다.

문학기행을 기획해 돌아볼 기회를 주신 문학사랑협의회 관계되시는 분들과 리헌석 회장님께 감사의 마음을 전한다. 아울러 우리 일행을 처음부터 끝까지 안내하면서 필요한 설명을 해주신 시인이며 작곡가이신 정태준님에게도 고마운 뜻을 전한다.

충청예술문화 2017 · 6월호

3부

언론 현장에서

〈대전일보〉

〈충청일보〉

돈이면 다가 아니다

청와대(靑瓦臺)비서관, 장관, 민자당(民自黨)국회의원 등 고위공직자들의 재산공개를 둘러싼 회오리가 엄청난 파장을 일으키며 몰아치고 있다. 특히 민자당의원들의 재산공개 뒤에 일고 있는 파문은 더욱 거세다.

국회의장이 사의를 표명한데 이어 몇몇은 스스로 의원직을 물러났다. 아직도 의사당을 떠나거나 국회직 · 당직을 내놔야할 사람들이 적지 않을 것 같다.

무엇이 문제인가

고위공직자, 특히 의원들의 재산공개와 그 후에 터져 나오는 언론의 보도를 지켜보는 국민들은 지금 끓어오르는 분노와 함께 허탈감에 빠져있다.

우선 공개된 재산들이 서민들로선 쉽게 상상조차 할 수 없을 정도로 엄청난 규모들이라는데 큰 충격을 받았다. 과거 오랫동안 공직에 머물면서 국리민복을 위해 사익을 희생해온 공직자들에게 어떻게 그렇게도 많은 재산이 있을 수 있을까 하는 의문에서다.

또한 연고도 없으면서 전국 곳곳 요지에 대지 · 전답 · 임야 등을 마구 사들여 수십 채의 건물과 대규모 땅을 가지고 있는 높은 분들이 적지 않다는데 다시 한번 놀랐다. 부동산투기를 앞장서서 막아야 할 공직자들이 오히려 뒤로는 스스로 투기를 하고 앉아있었으니 그동안 부동산투기가 근절될 수 없었던 연유를 알만하다. 그러니 대도시의 60%를 차지하는 무주택서민들이 집을 마련하기가 쉬울리 없다.

뿐만이 아니다. 일부 의원들은 경제적 능력이 없는 10세 미만의 자녀들에게 막대한 재산을 일찌감치 넘겨 상속세, 증여세 등을 면하기 위한 탈세의 의혹을 받고 있다.

이밖에도 재산가액을 실제가격보다 엉터리도 없이 낮게 평가했다든가 사실상 소유하고 있는 재산을 교묘하게 누락시키는 등 대부분의 공직자들이 진실성, 정직성, 도덕성을 의심받는 지경에 이르렀다.

자본(資本)주의의 원리

이번 고위공직자 재산공개에서 나타난 문제점들은 대체로 재산형성과정에서 전형적인 부동산투기 방법을 썼다든가 과거 공직과 관련, 부정한 방법으로 재산을 모았다든가 신고재산을 고의로 누락 · 축소시켰다는 점 등을 들 수 있다. 그리고 대체로 공직자들의 재산이 상식선을 넘어 엄청나게 많다는 사실이다.

이중에서도 가장 문제가 되는 것은 재산형성 과정이나 소유형태라고 할 수 있다. 재산이 아무리 많더라도 축재과정과 소유형태가 정당하다면 조금도 문제될게 없다. 떳떳하게 번 돈이라면 구태여 감추고 속이고 줄이려 애쓸 필요가 없을 것이기 때문이다.

자본주의체제사회에선 자신의 능력과 노력에 따라 공정한 경쟁을 통해서라면 얼마든지 부를 축적할 수 있다. 남들이 놀 때 열심히 일하고 근검절약해서 큰돈을 모을 수도 있다.

이런 사람들이 돈이 많다고 해서 비난받을 일이 못된다. 오히려 존경과 선망의 대상이 돼야 마땅하다. 이것이 자본주의체제하에서 사회발전을 촉진시키는 원리다. 그러나 이번에 말썽이 되고 있는 공직자들은 그렇지 못하기 때문에 국민의 지탄을 받게 된 것이다.

돈이 오히려 화근

고위공직자재산공개 후 언론에 이름이 오르내려 여론의 호된 채찍을 맞고 있건 아니건 떳떳치 못한 구석이 있는 사람은 요즘 마음이 편치 못할 것이다.

자랑스러운 높은 자리를 잃고 재물에 손실을 입어 패가망신하게 되는 사람들은 말할 것도 없으려니와 언제 자시기에게 불똥이 튈까 전전긍긍해하는 사람도 적지 않은 것으로 알려졌다. 명예와 권위 그리고 재산 등 모든 것을 잃게 되고 까딱하다간 몸까지 망치게 되는 궁지에 몰리게 될지도 모를 일이기 때문이다.

이들 중엔 지난날 수단 · 방법을 가리지 않고 정신없이 재물을 긁어모았던 지나친 탐욕을 후회하는 사람도 있을 것이고 깨끗지 못했던 공직생활을 부끄러워하는 사람도 있을 것이다. 개중엔 공연히 국회의원에 당선돼 신세를 망치는구나 하고 가슴을 치는 사람마저도 있을지 모른다.

돈이란 많을수록 좋다지만 이들에겐 지나치게 많은 재산이 오히려 화를 불러들이는 꼴이 되고 말았다. 이들에게 돈이 없었더라면, 공직을 이용한 치부나 부동산투기를 안했더라면 이들은 명예와 재산을 지킬 수 있었을 것이다. 그러나 이미 때는 늦었다.

도덕성회복 계기

고위공직자 재산공개와 관련 연일 터져나오는 그들의 부도덕한 행태를 보는 국민들은 때로는 놀라움과 분노를 때로는 허탈감을 느끼기도 할 것이다. 또는 통쾌한 박수를 치는 사람도 있을 것이다.

그러나 국민들은 구경꾼이 되어서는 안된다. 부도덕한 공직자들에게 지탄의 손을 들기 전에 먼저 자신을 돌아보는 아픔을 가져야 한다.

우리사회는 이제까지 총체적인 부패분위기에 젖어왔다. 정치인은 물론 공직자 · 기업인 · 언론인 · 회사원 등 모든 국민이 그 속에서 살아왔다.

지탄받는 고위공직자들만이 부도덕한 것이 아니다. 누가 누구에게 돌을 던질 수 없는 세태다. 돈이면 무엇이든 다 할 수 있고 돈을 잡기위해선 무슨 일이든 할 수 있다는 금전만능의 풍조가 어디에나 스며있다.

그러나 이제는 지금껏 우리사회를 지배하던 이 같은 금전만능의 가치관에 변화의 바람이 일어야 한다.

이번 고위공직자들의 재산공개를 계기로 조성되는 청렴분위기가 공직사회뿐 아니라 우리사회 어디에나 확산돼야 한다. 어느 사회에서나 비록 가진 게 많더라도 부도덕한 사람은 경멸의 대상이 돼야하고 가진 게 적더라도 정직하게 살면 존경을 받는 그런 변화의 바람이 일어야 한다.

그래야만 정의와 윤리가 바로서는 깨끗한 사회를 이룰 수 있기 때문이다.

대전일보 1993년 3월 27일(제13414호)

고통 안겨줄 땅

새정부의 개혁과 사정의 칼날이 사회 곳곳의 환부를 파헤치고 있다. 정치권은 물론 경제계·교육계·군부 등 썩지 않은 곳이 없다.

썩은 사과를 요모조모 도려내다보면 성한 곳이 남지 않는 것처럼 이러다간 온전하게 남아날 사람이 없지 않겠느냐하는 위기감마저 감돌고 있다.

사실상 우리는 그동안 총체적 부패분위기 속에서 그릇된 가치관에 이끌려 살아왔는지도 모른다. 그렇기 때문에 정도의 차이는 있을망정 썩지 않은 구석이 없고 바로잡아야할게 한두 가지가 아니다.

누가 누구의 잘못을 탓하고 누가 누구에게 돌을 던질 수 있는 상황이 아니다. 우리 모두가 우선 자신부터 흙탕물에 발을 담그고 있지 않나 돌아봐야 할 때다. 그래야만 건전한 의식, 바른 가치관이 밑에서부터 싹터 올라올 수 있을 것이다.

원망스러운 재산

고위공직자들의 재산공개가 있은 후 국민들은 우선 그들이 예상외로 엄청난 재산, 특히 부동산을 가지고 있다는데 놀랐고 다음으로는 그들이 과연 어떻게 해서 그 막대한 재산을 모을 수 있었는지에 의구심을 품게 됐다.

이들 중엔 연고지도 아니면서 개발가능성이 있는 곳이면 전국 어디나 대규모 땅을 가지고 있어 부동산투기 의혹을 받기도 했다.

또한 어린애에게까지 땅과 집을 옮겨놔 탈세의혹과 함께 국민의 지탄을 받았다.

개중엔 그들이 축재가 전형적인 부동산투기 방법을 이용했다거나 과거의 공직과 관련 부정을 저질렀다는 의심을 벗어날 수 없었다.

이 때문에 국회의원을 비롯한 몇몇 고위공직자가 자리를 물러났다. 정치생명이 끊어지고 관직의 길이 막히는 등 비운을 겪어야했다.

「이럴 줄 알았으면 과거에 부동산투기를 하지 말 것을」하며 후회하는 이도 있었을 것이다. 많은 재산이 오히려 원망스러운 사람도 있었을 것이다.

혁명적 토지정책

새정부는 지금 부동산투기를 뿌리 뽑기 위해 항구적이고 효과적인 대책을 마련하는데 골몰하고 있다. 신경제5개년계획 지침에서도 토지제도의 개선은 그동안의 정책기조를 근본적으로 바꿔놓을 만한 혁명적 내용을 제시하고 있다.

김영삼(金泳三)대통령은 『앞으로 토지 · 건물 등 과다한 부동산을 가지고 있는 것이 고통이 되도록 재산세 · 상속세 · 증여세 등 세법을 포함 제도를 대대적으로 개혁하겠다』고 밝혔다. 어떤 일이 있어도 부동산투기를 근절시키겠다는 강력한 의지를 보여주는 말로 여겨진다.

이에 따라 정부는 부동산과 표현실화를 위해 종합토지세의 과표를 오는 96년부터 공시지가(公示地價)로 전환하는 동시에 건물분 재산세에 대해서도 가구별로 전국에 소유하고 있는 건물을 파악, 합산과세 할 방침을 밝히고 있다. 부동산 투기를 세제와 세정으로

잡겠다는 심산이다.

이와 아울러 공장용지와 택지의 공급을 늘리기 위해 개발 가능한 땅을 최대한 확대한다는 것이다. 공급을 늘려 희소가치를 낮춤으로써 가격을 안정시킬 계획이다.

투기 뿌리 뽑힐까

그러나 과연 이러한 정책이 부동산투기를 근절시키고 땅값을 내릴 수 있을지는 의문이다.

이전의 정부도 부동산투기를 근원적으로 봉쇄하겠다는 결연한 의지로 재산소득에 무거운 세금을 매기고 토지거래신고 및 허가제를 실시하는 등 강력하고도 다양한 투기억제책을 써왔었다. 그러나 땅값·집값을 안정시키지도 못했고 투기를 뿌리 뽑는데도 실패했다.

사회적 분위기가 땅과 집을 이용의 대상으로 삼기보다는 부를 축적하는 가장 효과적인 방법으로 여겨왔기 때문이다. 사실상 이제까지 힘 안들이고 목돈을 잡으려면 부동산투기가 가장 효과적 방법이었음을 부인할 수 없다.

그러나 부동산투기는 아무나 할 수 있는 게 아니다. 돈이 없으면 아무리 마음이 있어도 할 수 없다. 때문에 그동안 가진 자들은 부동산투기를 통해 부를 더해왔고 가진 게 없는 사람들은 올라가는 땅값·집값을 지켜보며 언제나 내집 내땅을 가져보나 하면서 한숨만 지을 수밖에 없었다.

바른 가치관 서야

부동산투기는 땅값·집값을 올려놔 서민들의 주거생활을 불안하게 할뿐 아니라 물가를 자극하고 국토의 효율적 이용을 저해하는 폐해를 가져온다. 또한 힘 안들이고 큰돈을 잡으려는 한탕주의를 만연시켜 근로의욕을 떨어뜨리는 동시에 소득의 균등배분을 악화시켜 국민 간 위화감을 조성하는 부작용을 낳는다.

이번에 새정부가 개혁작업의 일환으로 보여준 부동산투기억제책과 토지정책은 이전의 어떤 것보다 강력하다.

땅을 많이 가지고 있는 게 오히려 고통스럽고 손해를 보게 된다면 땅을 가지려는 사람이 누가 있겠는가.

사실상 지난번 고위공직자 재산공개에서도 많은 땅을 가진 사람은 고통을 겪어야했다. 그리고 앞으로 재산을 공개해야할만한 공직을 원하는 사람은 땅 갖기를 주저할 것이다.

그러나 땅을 안사면 어떤 방법으로 재산을 불릴 것인가. 바른 가치관이 서지 않으면 돈의 흐름은 역시 바람직하지 못하게 방향을 잡게 될 것이다. 과연 땅이 고통을 안겨주게 될 것인지 두고 볼일이다.

대전일보 1993년 4월 24일(제13437호)

한점의 의혹(疑惑)도 없게

거센 사정바람

새정부가 들어서자마자 고위공직자 재산공개를 시발로 진행된 개혁 및 사정작업은 사회 각분야 구석구석의 썩은 곳을 도려내기에 바쁘다.

정치권은 물론 교육계 · 금융계 · 군부 · 경찰 · 사회의 뒷골목에까지 깊숙이 확산되고 있다. 썩은 곳이면 어디든 도려내겠다는 강력한 의지를 보여주고 있다.

이 바람에 이미 각종 부정과 비리에 관련된 고위공직자들이 줄줄이 구속되거나 누리고 있던 자리를 물러나기도 했다.

재산공개와 관련 유수의 고위공직자들이 부동산투기 등 부정축재와 축소신고의 의혹을 받고 도덕성에 큰 상처를 입으면서 정치생명을 잃었다.

또한 대학 부정입학과 관련 금력과 권력을 이용, 아들을 대학에 뒷문으로 들여보낸 몇몇 지도층인사들이 연이어 수모를 당하면서 물러났다.

뿐만이 아니다. 뒷구멍으로 돈보따리를 싸다주고 진급을 했던 장성들이 쟁쟁한 별들이 우수수 떨어지기도 했다.

지금도 지난 정권 때 실세로 위세를 떨치던 정치인이 암흑가의 대부로부터 검은 돈을 받았다고 해서 법의 심판대에 올라있고 과거 경제계에 막대한 영향력을 행사하며 재계를 주름잡던 몇몇 유력인사가 은행장으로부터 뇌물을 받은 협의로 심판대에 올라있다.

국민의 기대감

앞으로도 이 같은 사정의 태풍이 어느 곳을 강타할지 몰라 뒤가 조금이라도 켕기는 고위공직자나 사회지도층 인사들은 전전긍긍 해하는 상황이다.

그러나 새정부의 사정작업을 지켜보고 있는 대다수 국민들은 이제야 세상이 바로 잡히려나보다 하고 속 시원한 쾌감을 느끼면서 때로는 박수를 보내며 정의사회에 의 기대감에 부풀어 있다.

이런 식으로 사정작업이 지속된다면 우리도 깨끗한 사회, 정의로운 사회를 이룩할 수 있는 토대가 마련될 것이란 희망을 가질 수 있기 때문이다.

앞으로는 돈 있고 힘 있는 사람들이 갖은 부정과 비리를 저지르며 판을 치는 세상이 아니라 있는 사람이든 없는 사람이든 누구나가 도덕적 기반위에서 자기 능력과 노력에 상응하는 대접을 받으며 살아갈 수 있는 세상이 기대되기 때문이다.

지위가 높은 사람이건 낮은 사람이건 돈이 많은 사람이건 적은 사람이건 법을 어기면 똑같이 벌을 받게 될 것이다. 사람을 평가하는 기준이 돈과 권력의 많고 적음이 아니라 도덕성의 높낮이가 가장 큰 비중을 차지하게 될 것이다. 이런 기대와 희망을 가질 수 있기 때문에 대다수 국민이 새정부의 사정작업에 박수를 보내고 있는 것이다.

걱정되는 조짐

그러나 최근 이 같은 국민의 기대감을 흐려놓은 우려할만한 조짐들이 엿보여 박수치던 손길을 멈칫하게 하고 있다. 성역이 없다던 당국의 비리수사가 형평을 잃고 사정작업이 움츠러드는 게 아닌가하는 의문이 제기되고 있기 때문이다.

최근의 슬롯머신사건이나 동화(同和)은행사건의 수사과정을 지켜보는 많은 사람들이 이 같은 의혹을 떨쳐내지 못하고 있는 것이다.

슬로머신사건을 수사하고 있는 검찰은 관련경찰관의 폭로로 국회의원 및 안기부검찰간부 등 20여명의 비호세력 인물이 떠오르고 있는데도 수사선상에 올리지도 않고 적당히 얼버무려 끝내버리려는 인상을 주고 있다.

이 때문에 특정인을 겨냥한 표적수사니 정치적 보복이니 하는 얘기가 나오기도 하고 검찰과 피의자측이 모종의 협상을 벌였다는 장외홍정설까지 대두되고 있는 판이다.

동화(同和)은행사건만 해도 그렇다. 은행장으로부터 거액의 뇌물을 받은 협의로 곧 사법처리되리라던 국회의원이 돌연 외국으로 뜨ㅏ버려 당국이 해외도피를 묵인하거나 방조하지 않았느냐 하는 의혹을 불러일으키고 있다. 금융계의 황제로 불리며 과거 정권의 돈줄이었던 이 사람이 조사를 받게 되면 경제계의 비리나 정치자금에 관한 비밀이 폭로될까 두려워했을 것이란 추측이 가능하기 때문이다.

공정성 지켜야

이번의 슬롯머신이나 동화은행사건뿐만이 아니다. 얼마 전 군인사비리문제를 처리하는데도 해 · 공군의 비리만 들춰냈을 뿐 육군엔 손도 대지 않았다.

그러고 보면 재산공개파동이나 대입부정사건에도 뒤처리가 공정했는지 되짚어 봐야한다는 얘기가 나올만하다.

성역 없이 엄정하게 추진하겠다던 사정작업에서 누구는 해외도피 시키고 누구는 출국정지 시키고, 누구는 구속하고 누구는 풀어주고, 누구는 죽이고 누구는 살리는 등 공권력이 선택적으로 적용된다면 사정작업의 공정성을 어떻게 믿겠는가. 그리고 그런 정부에 어떻게 신뢰를 보낼 수 있겠는가.

사정작업의 공정성이 의심을 받고 정부가 신뢰를 잃게 된다면 새정부의 개혁정책은 성공을 거두기 어렵다.

내 살을 도려내고 내 발을 찍는 아픔을 겪더라도 밝힐 것은 밝히고 말할 것은 말하게 해야 참다운 개혁이 이루어질 수 있다. 만약 이번 기회에 개혁작업을 성공적으로 이끌어가지 못한다면 깨끗한 정치, 정의로운 사회를 쉽사리 이룩하기는 어려울 것이다.

다행히 대통령의 성역 없는 사정이 다시 한번 강조되고 슬롯머신과 관련 검찰내부 및 정치권에 대한 조사가 착수됐다니 기대를 가질만하다. 공정한 사정작업으로 국민들이 계속 박수를 보낼 수 있게 해줘야 한다.

대전일보 1993년 5월 22일(제13460호)

꿀벌도 못사는 환경(環境)

꿀벌까지도 수입(輸入)

최근에 밝혀진 농수산부 자료에 따르면 전국의 과수원마다 봄철이면 한 번씩 꿀벌의 수입 붐이 일고 있다는 것이다. 과수원에서 왜 꿀벌을 수입해야하는지 일반인으로선 의아하게 생각하지 않을 수 없다.

그러나 사연을 들어보면 납득이 간다. 봄철에 과수원의 이 나무 저 나무를 옮겨 다니며 꽃가루를 매개, 열매를 맺게 해주는 꿀벌들이 최근 몇 년 새 전혀 날아들지 않기 때문이다.

그래서 외국의 꿀벌들을 들여다 과수원에 풀어놓고 꽃가루를 매개시킨다는 것이다. 일꾼을 사서 일일이 꽃가루받이를 할 수도 있겠지만 인건비에 비하면 꿀벌을 수입해다 풀어 놓는 게 훨씬 이익이기 때문에 매년 꿀벌의 수입이 증가할 수밖에 없다고 한다.

올들어 넉 달 동안 호주와 중국, 뉴질랜드 등에서 수입한 꿀벌이 3만여 군(群)에 2백만 달러어치나 되는 것으로 집계됐다. 꿀벌 1군(群)의 단위가 일벌 1만 마리를 가리키는 것이라니 따지고 보면 엄청난 양이다. 또한 수입금액도 만만치 않다.

과수원에 벌이 날아들지 않아 외국에서 막대한 양의 꿀벌을 수입하게 된 원인은 우리의 재래종 꿀벌이 농약 등 각종 공해로 멸종상태에 있기 때문이다.

수입한 꿀벌 역시 과수원이나 비닐하우스 등에서 화분매개체로 이용되다가 결국은 농약공해에 살아남지 못하기 때문에 일회용에 불과하다는 것이다. 이대로라면 앞으로도 꿀벌의 수입은 계속 늘어날 수밖에 없다.

꿀벌마저 막대한 외화를 들여 외국에서 수입을 해야 한다니 한심한 일이다. 아울러 꿀벌도 살아남을 수 없는 환경 속에서 우리가 살아가고 있다니 공해에 대한 심각성과 두려움을 새삼 느끼지 않을 수 없다.

어두운 환경(環境)전망

오늘은 21번째 맞는 세계환경의 날이다. 각종 공해로 병들어가는 지구를 살리고 인류의 쾌적한 생존을 위해 지구촌의 환경을 보전하자는 「리우선언」을 채택한 지 1년이 됐다.

그러나 지난 1년간 각국의 이해상충과 국제사회의 정치·경제적 상황변화로 지구환경을 개선하기 위한 괄목할만한 움직임을 보여오지 못했다. 개선은커녕 오히려 점차 악화를 가속시키고 있다.

유엔이 정한 금년 세계환경의 날의 주제는 「빈곤과 환경」이다. 저개발국의 높은 인구증가율과 빈곤의 악순환이 지구환경보전을 저해하는 요인이 되고 있다는 관점에서다.

앞으로도 세계인구는 계속 증가할 것이고 개빌을 위한 환경의 파괴가 계속될 것이다. 인구의 규모나 생활양식이 환경파괴에 지대한 영향을 미친다고 보면 저개발국들에 돌아갈 책임의 부분이 적지 않을 것이다.

그러나 저개발국들은 당장 굶주림에 시달리면서 내일의 지구환경을 내다볼 겨를이 있을 리 없다. 또한 저개발국들은 지구환경파괴를 주도해온 선진국들이 저개발국들의 개발을 억제함으로써 저개발국들을 언제까지나 빈곤 속에 머물게 하려한다는 비난을 하고 있다. 그러니 지구환경의 개선 전망은 어둡기만 하다.

지구환경문제는 국경이 있을 수 없다. 어느 한 나라가 환경을 성공적으로 개선해간다고 하더라도 산성비로 인한 토양의 오염이나 지구온난화현상 등은 국가적 차원에서 막을 길이 없다.

세계 각국이 지구환경에 대한 공동의 위기의식을 외면한 채 각자의 이익에만 얽매인다면 지구환경은 더욱 악화될 것이고 끝내는 인류의 생존 자체가 위협을 받게 될 것임에 틀림없다.

엄격히 다스려야

국내사정도 마찬가지다. 그동안 경제개발 우선정책에 뒷전으로 밀려있던 환경오염문제가 최근 몇 년 새 그 심각성이 새롭게 인식되면서 공해에 대한 규제를 강화하고 환경보전에 힘쓰고 있다지만 쉽게 효과를 보지 못하고 있다.

아무리 단속을 해도 공장의 굴뚝에선 여전히 매연이 나오고 하천엔 여전히 기준치를 넘는 폐수가 흘러들고 있다. 당장의 이익만 챙기려 할뿐 환경보전은 남의 일로 여기는 이들이 아직도 적지 않다.

요즈음 특히 쏟아져 나오는 쓰레기를 주체할 수 없어 양을 줄여보자는 운동이 대대적으로 벌어지고 있으나 이마저 아직 두드러진 효과를 거두지 못하고 있다.

각종 농산물은 농약으로 뒤범벅을 해놔 먹기가 겁날 뿐 아니라 수돗물마저 마음대로 마실 수 없는 그런 세상이 되어버릴까 하는 걱정스러운 상황이다. 숨 쉬는 공기마저도 미세먼지 등 각종 공해물질로 오염돼있다.

꿀벌도 살아남지 못하는 이런 환경 속에서 우리가 살아가고 있다는 사실이 두렵다. 이대로 가다간 결국 생존에 필요한 최소한의 환경도 지켜내지 못하리란 위기의식을 떨칠 수 없는 게 사실이다.

우리가 경제적 풍요를 이룬다 해도 우리의 땅과 물이 공해에 찌들어 생존에 위협을 받게 된다면 그 풍요로움이 무슨 소용이 있겠는가.

새정부가 들어선 이후 부정부패를 척결하고 깨끗한 사회를 만들겠다고 개혁의 칼날을 휘두르고 있다.

그러나 직위를 이용, 뇌물을 받고 부동산투기로 부당하게 돈을 벌고, 돈보따리를 싸다주면서 별을 달고 자식을 대학에 입학시키는 행위들만이 척결해야할 부도덕이 아니다.

공해물질을 마구 흘리는 행위야말로 그에 못지않은 부도덕한 범죄라는 인식의 전환이 필요하다. 공해문제도 개혁차원에서 엄격히 다스려야할 줄 믿는다.

대전일보 1993년 6월 5일(제13472호)

일하는 공직풍토(公職風土)

새정부가 들어선 후 고위공직자 위주의 「윗물맑기」로 시작된 사정바람이 이제는 점차 전 공직사회로 확산돼가고 있다.

수많은 고위공직자들이 직위를 이용한 부정축재나 구조적이고 고질적인 사회 부조리에 연루돼 자리를 떠나거나 사법 처리됐다. 이어 상당수의 중하위직 공직자들이 인허가 등 업무와 관련된 비위로 징계를 당하기도 했다.

앞으로 공직자윤리법에 의한 재산등록이 이뤄지고 공직사회 전반에 사정활동이 확산되면 더 많은 공직자들이 혼나게 될 것은 뻔한 일이다.

공직사회, 그중에서도 고위층에 개혁의 초점을 맞추는 것은 아래로부터의 쇄신보다 위로부터의 개혁, 일반사회의 정화보다 공직사회의 기강확립이 우선돼야 정의로운 도덕사회로의 확산효과를 꾀할 수 있기 때문이다.

우리는 지난날에도 공직풍토의 쇄신과 공직사회의 기강을 바로잡겠다는 의지로 기회가 있을 때마다 사정활동을 벌이는 등 다각적 노력을 기울여왔다. 그러나 그때마다 「척」 하다가는 용두사미로 끝나버렸다.

이런 악순환이 거듭되는 가운데 우리는 아직도 깨끗한 공직풍토를 정착시키지 못한 채 우리사회의 도덕적 위기를 맞게 됐다. 그러나 이번에만은 이전과는 다르다.

달라진 공직풍토

요즈음 공직사회가 여러 가지로 달라지고 있다. 공직자의 행동도 그렇거니와 공직풍토도 전과는 같지 않다.

공직자들이 골프를 걷어치웠다든가 고급음식점을 드나들지 않는다는 것은 오래된 얘기다. 이제는 아예 음식점은 고사하고 바깥출입 자체를 삼갈 뿐 아니라 외부인과의 접촉마저 멀리하고 있다.

공직자들의 행동이 여간 조심스러워진 게 아니다. 인허가사무에 관련된 부서의 공무원들은 더욱 그렇다. 웬만한 업무도 전화로 처리하고 업자 만나기를 꺼리는 풍토가 됐다.

민원인을 대하는 공무원들의 태도도 상당히 친절해졌다. 예전 같으면 관청에 접수한 서류가 사소한 이유로 반려되면 급행료를 달라는 암시로 알아야했다. 그러나 이제는 급행료도 사라지고 업무처리도 전보다 빨라졌다.

민원실의 분위기도 한결 밝고 깨끗해졌다. 민원인을 위한 편의시설에도 다양하게 신경을 쓰고 있다. 누구나 관청엘 들어서면 전과는 다른 분위기를 피부로 느낄 수 있다.

이대로라면 깨끗한 공직풍토, 진정으로 국민을 위하는 행정이 정착될 수 있으리란 희망을 가져봄직하다.

그러나 이 같은 긍정적 공직풍토 이면에 부정적 역작용이 도사리고 있다는데 문제의 심각성이 있다.

만연된 무사안일

공직사회에 거센 사정한파가 몰아치자 공직자들의 사기가 크게 가라앉았다는 것이다. 공무원들의 대민자세가 겉으로는 친절해지고 금품수수사례도 크게 줄어들었지만 특히 말단공무원들은 의욕

상실증에 걸려있다고 할 정도로 사기가 침체되어 있다는 게 일반적인 진단이다.

지나치게 몸조심을 하다 보니 적극성이 사라지고 무사안일적 태도를 보이는 공무원들이 많아졌다는 것이다.

공연히 일을 만들어 까딱 잘못해서 몸을 다치기 보다는 가만히 있는 게 상수라는 보신의 처세술에 능숙해져가고 있다는 얘기다.

사실상 사정활동이 확산되면서 공무원들이 적극적인 움직임이 보이지 않는 것 같다. 적극적인 활동을 하기보다 가능한 한 일을 벌이지 않으려는 보신주의가 공직사회에 팽배해있음을 부인할 수 없다.

일부 민원인들에게선 급행료가 사라진 것은 반가운 일이나 공무원들이 일일이 규정만 따지고 무조건 원칙대로만 하려는 바람에 전보다 오히려 일을 처리하기가 어려워졌다는 불평이 나오고 있다.

공직자의 사기를 저하시키는 요인은 사정만이 아니다. 고질적인 승진적체와 낮은 보수도 못지않은 원인이 되고 있다. 승진이 막힌 상황에서 희망을 찾기 어렵고 사정분위기 속에서 소신과 긍지를 갖기가 힘들다는 얘기다.

소신 갖게 해줘야

오죽했으면 대통령이 「소신도 없고 자부심도 없는 공무원이라면 공직을 떠나야 마땅하다」 면서 공직사회의 무사안일 풍조를 질책했겠는가?

이래서는 비록 사정작업이 성공적으로 진행돼 깨끗한 공직사회가 조성된다 하더라도 진정한 의미의 개혁은 이루어질 수 없다.

엄정한 사정분위기 속에서도 활기 넘치는 공직사회가 되어야 한다. 진정으로 국민을 위한다는 의식에서 적극적인 대민봉사를 펴는 공직풍토가 조성돼야 한다.

그러려면 공직자들이 소신을 갖게 해주고 긍지를 느낄 수 있게 해줘야 한다. 스스로 우러나는 의욕을 갖게 해줘야 한다.

공직자의 판정기준은 그가 무엇을 잘못했는가를 따지기에 앞서 그가 무슨 일을 얼마나 했느냐에 초점이 맞춰져야 한다.

의욕적으로 일하려는 공무원을 밀어주고 일을 잘하려다 실수를 하더라도 이를 격려해 주는 풍토가 아쉽지 않을 수 없다. 그래야만 공직자들이 소신을 갖고 의욕적으로 일을 할 수 있다.

국가에 이익이 되고 국민을 위하는 일이라면 규정만 따지고 앉아 보신에 급급할 게 아니라 어떻게든 되는 방향으로 노력하는 합목적성이 중시돼야 할 것이다.

깨끗한 공직사회, 적극적인 공직풍토를 조성하기 위해서는 근본적인 의식전환이 있어야 한다.

대전일보 1993년 7월 3일(제13496호)

토착 비리(非理)의 척결

토착비리에 철퇴

사정당국이 지역사회의 구조적이고 고질적인 토착비리(土着非理)를 척결하기 위해 본격적으로 칼을 댔다는 소식이다.

지역사회에서 각종 비리를 일삼아 지역민의 지탄을 받아온 이른바 「토착비리인사」1백 10명의 명단과 자료가 청와대로부터 검찰로 넘겨져 사정의 도마 위에 올려졌다고 한다.

새정부가 들어선 후 고위공직자, 사회지도층인사를 대상으로 시작된 사정바람이 이제 지방의 곳곳으로 확산되고 있다는 신호로 봐도 좋을 것이다.

이제까지 중앙의 사정태풍을 바라보며 언제 내려닥칠지 몰라 전전긍긍해하던, 뒤가 켕기는 지역인사들이 더욱 밤잠을 못 자게 됐다.

이번에 청와대에서 검찰에 통보된 명단엔 검찰수사관 등 검찰일반직직원, 중앙언론사 주재기자 등 지방언론인, 시 · 도 등 지방의회의원, 지방의 고위직 공무원이 포함돼 있으며 이밖에도 지방기업체사장, 호텔을 비롯한 유흥업소 업주들이 들어있는 것으로 파악됐다.

어느 특정분야 특정 인사를 대상으로 하는 게 아니라 지역사회의 정 · 관계는 물론 재계 · 언론계 등 비리가 기생할 만한 각계 각층의 인사들이 모두 포함돼 있다.

결국 전반적 지역사회의 토착비리를 척결하겠다는 정부의 의지를 엿볼 수 있을 만하다.

지탄받는 인사들

청와대조사결과 이번에 비리혐의를 받고 검찰의 수사선상에 올라있는 지방인사들은 대부분 직위나 배경을 이용해서 각종 이권에 개입 했다던가 부당한 청탁이나 압력을 행사한 사람들, 또는 탈세, 퇴폐영업 등 불법행위를 일삼으면서 호화 사치생활을 하거나 부동산투기를 해온 사람들로 일려졌다. 사실상 어느 지역사회든 일반인으로서는 엄두도 못 낼 불법이나 비리를 흔히 저지르면서 묘하게 법망을 빠져나가 지역민의 지탄을 받거나 여론의 따가운 눈총을 받는 인사가 있게 마련이다.

이들은 거개가 행정관청은 물론 검찰 · 경찰 · 정보기관 · 세무서 등 권력층에 향응을 베풀거나 금품을 제공하는 등으로 접근, 고위 권력층의 비호를 받으며 이권에 개입하거나 각종 특혜를 누려 막대한 재산을 축적하기도 한다.

또한 이들 중엔 이렇게 해서 긁어모은 부를 바탕으로 사회단체를 맡거나 지방의회에 진출하는 등으로 신분의 방패를 마련, 지역유지나 사회지도층인사로 행세하기가 일쑤다.

이런 사람일수록 겉으로는 인격자인체하면서 뒤로는 오직 권력과 이권을 쫓아 수단방법을 가리지 않고 각종 불법과 비리를 서슴지 않는 이중인격자이기 쉽다. 이번 토착비리 척결작업에선 바로 이런 사람들이 철퇴를 맞아야 한다.

공정성 지켜져야

검찰은 청와대로부터 넘겨받은 토착비리인사들에 대한 수사 과정에서 범죄혐의가 확인되면 모두 구속 수사하는 동시에 관계기관에 통보 세무조사 등 행정조치를 병행할 방침임을 밝히고 있다.

지금 진행되고 있는 개혁 작업이 진정으로 성공을 거두려면 중앙과 고위층의 굵직한 부정을 바로잡는 일뿐 아니라 이 같은 지역사회의 토착비리가 척결돼야만 한다. 그래야만 온국민이 사정바람을 피부로 느낄 수 있고 아울러 총체적 부패분위기도 개선될 수 있을 것이다.

그러나 이제까지의 사정작업도 마찬가지지만 더구나 지역사회의 토착비리를 척결하는 데는 우려할만한 몇 가지 문제점이 지적되지 않을 수 없다.

이전부터 논란되어왔듯이 사정작업에 우선 엄격한 공정성이 지켜지고 균형을 이뤄야 한다는 점이다.

누구는 재수가 없어서 걸려들었고 누구는 요행히 빠져나갔다는 얘기가 들리게 되면 지역민의 공감이나 지지를 받기 어렵다.

이번에 검찰의 수사선상에 오른 토착비리인사 1백 10명은 청와대 사정수석비서관실의 암행감찰결과 비리가 포착된 2백 80여 명 중에서 비위정도나 죄질에 따라 분류해낸 사람들이라고 한다.

청와대가 어떤 방법으로 조사를 했는지, 또 어떤 기준에서 검찰 수사대상자를 분류해냈는지 알려지지 않았지만 결과적으로 공평성을 인정받을지는 의문이다.

성공적 사정작업

아직은 소문만 무성한 가운데 구체적으로 어떤 사람이 수사선상에 올라있는지 명확하게 밝혀지지 않았으나 결과가 드러났을 때 지역민의 공감을 얻게 될지 모를 일이다.

지역민의 지탄을 받는 인사가 빠져서도 안 될 것이며 모함으로 곤혹을 치르는 억울한 사람이 있어서도 안 될 것이다.

사정바람이 불기 시작한 벌써부터 사사로운 감정에 의한 허위 진정이나 투서 때문에 사직당국에 불려 다니며 곤욕을 치르고 있다는 얘기가 들리고 있다.

이렇게 되면 지역사회에 불화와 불신풍조만 조장될 뿐 성공적인 사정작업을 기대하기 어려워진다. 사직당국에 대한 불신은 물론 정부 자체의 신뢰에 상처를 입게 될 것이다.

더구나 사정의 기준이 권력, 금력, 연줄에 좌우된다는 오해라도 받는 날이면 사정작업은 완전히 실패로 돌아가고 만다. 때문에 사정작업의 엄격한 공정성과 공평성이 재삼 강조되지 않을 수 없다.

다음은 일과성(一過性) 이어서는 안 된다. 토착비리가 완전히 뿌리 뽑힐 때까지 지속돼야 한다. 그래야만 지역민의 의식을 전환시킬 수 있고 개혁 작업도 성공을 거둘 수 있을 것이다.

과거처럼 공정성을 잃거나 중도에 흐지부지 중단된다면 부패분위기의 쇄신은 공염불이 될 것임에 틀림없다.

대전일보 1993년 7월 17일(제13508호)

활기(活氣)있는 사회(社會)

감동 준 인간애

악몽과도 같은 아시아나항공의 여객기 추락참사는 모두의 가슴을 아프게 했다. 그러나 참사의 현장에 피어난 뜨거운 인간애는 우리의 가슴을 뭉클하게 하는 커다란 감동을 안겨주었다.

여객기 추락사고로서는 기적적으로 많은 생명을 구할 수 있었던 것은 충돌지점의 우거진 숲이 충격을 완화시켜준 때문이기도 하지만 그보다는 그 마을 주민들과 군 · 경 구조대원들이 한마음으로 희생적인 구조활동을 편 덕분이다.

자신도 부상당한 몸이면서 길도 없는 산속을 2시간가까이나 헤매면서 필사적으로 사고소식을 알린 탑승객의 노력도 장하다.

그러나 사고소식을 들은 마을사람들이 앞을 다투어 사고현장으로 달려가 몸을 아끼지 않고 부상자들을 살려낸 일은 더욱 장하지 않을 수 없다.

마을사람들은 부녀자들까지 나서 낫과 톱을 들고 산길을 내는 한편 입고 있던 옷을 찢어 붕대를 만들었다. 나뭇가지로 들것을 엮어서 부상자들을 날랐고 피가 흐르는 어린애를 업고 산길을 내달리기도 했다.

또한 집집마다 쌀과 반찬을 추렴, 주먹밥을 만들어 기진맥진해 있는 구조대원들과 유가족들의 끼니를 챙겨줬다. 마을사람들이 보여준 인간애와 협동심은 참으로 가슴 뿌듯한 모습이 아닐 수 없다.

마을사람들만이 아니다. 기류가 급변하는 악천후 속에서 위험을 무릅쓰고 구조작업을 펼친 군 헬기팀의 활동도 목숨을 건 희생정신이 없었다면 불가능한 일이었다.

또한 피가 모자란다는 소식이 전해지자 시민 · 군인 등 수백 명의 헌혈희망자가 병원에 몰려들어 부상자들의 수술을 도왔다니 이 또한 따뜻한 인간애의 발로가 아닐 수 없다.

가라앉은 사회

마을주민 · 군인 · 경찰 등 주위사람들의 헌신적인 구조작업이 없었던들 여객기충돌사고로 많은 사람이 살아나는 기적을 탄생시킬 수 없었을 것이다.

아시아나 여객기사고는 참사이긴 하지만 여기서 꽃핀 인간애와 협동심, 그리고 희생정신은 우리에게 많은 것을 느끼게 하고 생각하게 한다.

지금 우리사회는 극도의 이기적이고 배타적인 사고가 팽배해있다. 치열한 경쟁 속에 남이야 죽든 말든 나만은 잘살아봐야겠다는 생각에서 갈등과 불화를 겪고 있다. 점점 더 인정이 메마르고 사회가 각박해져가고 있다는 얘기들이다.

이런 세태 속에 여객기참사현장에서 피어난 감동적 인간드라마는 차갑게 얼어붙은 우리사회를 녹여주는 한줄기 훈훈한 바람이 아닐 수 없다.

더구나 우리 사회분위기는 지금 사정한파에 무겁게 가라앉아있다. 사정의 태풍 속에 유수의 정치인 · 공직자 · 기업인들이 누리던 지위를 잃고 자리를 물러나거나 쇠고랑을 차거나 외국으로 피해나갔다. 시퍼런 사정의 칼날에 많은 인사들이 단죄를 당했다.

요즈음 토착비리를 척결한다는 바람에 뒤가 켕기는 많은 지역인사들이 밤잠을 제대로 못자고 있을 것이다. 과거 오랫동안 부패분위기에 젖어온 사회고 보면 정도의 차이는 있을망정 털어서 먼지 안 나는 사람은 드물 것이다. 그러니 언제 사정의 태풍이 몰아칠지 몰라 전전긍긍해하는 인사가 적지 않을 것은 뻔한 일이다.

많은 공직자 · 기업인이 불안을 떨치지 못하고 있는 가운데 공직자들은 원리원칙을 지키며 보신에 급급해하고 이 바람에 기업인들은 사업을 하기가 전보다 더 힘들어졌다는 호소들을 한다. 사회분위기가 생동감을 잃고 무겁게 가라앉아있음을 부인하기 어려운 상황이다.

국면전환 필요

부정부패를 일소하고 깨끗한 사회, 정의로운 사회를 이룩하는 것은 중요한 일이다. 또한 과거의 잘못을 바로잡는 작업 없이 미래를 정의롭게 열어가기 힘든 것도 사실이다.

사회의 기강을 바로잡고 정의를 세우는 일도 긴요하지만 능동적이고 의욕적인 사회분위기를 조성하는 일도 못지않게 중요하다.

깨끗한 사회 정의로운 사회보다 인정어린 사회 사랑이 있는 사회는 한차원 높은 사회다. 진정한 개혁은 사정의 차원을 넘어서 활력있는 사회분위기를 조성하는데 있다. 그러려면 썩은 곳을 도려내는 수술도 필요하지만 상처를 어루만지고 아픔을 달래주는 작업도 필요 할 것이다.

잘못을 파헤치는 작업과 함께 잘한 일은 드러내 격려해주는 작업도 있어야한다. 그래야만 깨끗한 사회와 함께 능동적인 사회, 의욕적인 사회분위기가 조성될 수 있을 것이다.

여객기가 추락한 마을사람들이 보여준 능동적인 인간애, 협동심, 희생정신은 생사를 가름하는 극한 상황에서나 발휘될 수 있는 것일까? 그렇지는 않을 것이다.

인간이라면 누구에게나 이런 심성이 잠재해있다고 봐야한다. 사회적 여건만 성숙된다면 언제든지 발휘될 수 있을 것이다.

추락한 여객기의 승객을 구하려는 마을사람들의 신들린 인간애, 협동정신, 희생정신이 사회를 지배하는 분위기가 조성될 때 진정한 의미의 개혁이 이룩될 수 있을 것이다. 또한 개막을 며칠 앞두고 있는 대전(大田)엑스포도 성공적으로 치러낼 수 있을 것이다. 그리고 한국의 미래도 밝게 열어갈 수 있을 것이다.

대전일보 1993년 7월 31일(제13520호)

다시 새바람 일으켜야

김영삼(金泳三)대통령의 새로운 문민(文民)정부가 닻을 올린지 7개월째로 접어들었다. 그동안의 시간이 길다면 길고 짧다면 짧은 세월이지만 대통령 자신은 『10년은 보낸 것 같다』는 표현대로 무척 길게 느끼는 모양이다.

그만큼 새정부가 들어선 후 지난 6개월 동안 우리는 엄청난 변화를 겪었다. 대통령 자신도 『세계 모든 나라가 변화를 겪었지만 아마 우리처럼 큰 변화를 겪은 나라는 없을 것』이라고 했다.

변화와 개혁이라는 구호아래 지난 수십 년간 깊이 뿌리내린 부정부패를 척결하고 또한 우리 사회 곳곳에 스며있는 권위주의시대의 흔적을 씻어내는데 힘을 쏟아왔다.

고위공직자 자진 재산공개, 금융 · 교육계 등 사회전반의 구조적 비리 척결, 군의 인맥제거 · 인사비리 수사 등 군부의 체질개선, 율곡사업과 평화의 댐 감사, 공직자윤리법에 따른 공직자 재산등록, 또 최근의 금융실명제 전격실시 등 그동안 숨 돌릴 틈도 없이 몰아쳐왔다.

그러나 이 같은 조치들이 우리에게 무엇을 가져왔으며 앞으로 어떤 영향을 미칠 것인지 아직 평가하기엔 이르다.

가속되는 개혁

고위공직자 재산공개를 통해 부정하게 축재를 했거나 투기를 일삼은 공직자들에 철퇴를 내렸다. 이후 공직자윤리법을 개정, 재산 공개를 제도화 했다. 앞으로도 재산등록과 공개를 거치며 많은 공직자들이 사정의 화살을 맞게 될 것이다.

이와 함께 대학 부정입학 · 슬롯머신 · 동화은행사건 등을 파헤침으로써 우리 사회 곳곳에 깊숙이 자리 잡은 구조적 부정부패를 쓸어내 금력과 권력에 얽힌 비리를 척결하는데 힘썼다.

개혁중의 개혁이라는 금융실명제를 전격적으로 실시, 검은 돈의 거래를 차단하고 지하에 묻힌 돈을 끌어내는 등 경제정의를 실현하기 위한 주춧돌을 놨다.

이제는 누구도 부정한 방법으로 돈을 모으거나 권력과 부와 명예를 함께 누릴 수 있다는 생각은 가질 수 없게끔 됐다.

이와 함께 이제까지의 개혁 작업이 지나치게 과거의 비리를 청산하는데 치중해왔으며 미래지향적 정책방향을 제시하는 데는 미흡했다는 평가를 받고 있기도 하다. 때문에 많은 사람들이 언제 어떤 일을 당할지 모른다는 불안감을 떨치지 못하고 있는 것도 사실이다.

뭔가 달라져야

요즘 신경정신과 등 병원을 찾는 사람들이 부쩍 늘었다고 한다. 새정부가 들어선 후 사정바람 속에 공직자 재산등록, 금융실명제 전격실시 등 개혁 작업이 진행되면서 공직자와 기업인들 사이에 스트레스로 인한 정신적 불안을 느끼거나 의욕상실증을 호소하는 사람들이 늘었다는 분석이다.

이들이 고위공직자라거나 재벌급회사 사장들이라면 몰라도 중소기업사장이나 영세상인 등 중산층으로 까지 불안감이 확산된다면 이는 큰 문제다.

더구나 침체된 경제가 이 같은 현상을 가중시키고 있다. 새정부가 추진한 경제활성화 정책이 효과를 보지 못하고 상반기의 GNP 성장률 · 물가 등 각종 경제지표가 낙관만 할 수 없는 상황이다.

금융실명제 실시 이후엔 자금경색 · 중소업자의 도산 · 투자의욕의 위축 등이 우려되고 있다. 또한 앞으로 노동정책 · 금융개편 · 세제개혁 등이 어느 방향으로 어느 수준에서 이뤄질지 정책의 불확실성도 불안요인 중 하나다.

경제가 활성화되지 않고서는 새정부가 강력한 의지로 추진하는 개혁 작업도 기대한 만큼의 효과를 거두기 어려워질지 모른다.

사정작업 등 개혁정책에 열렬한 지지와 박수를 보내던 대다수의 국민들도 자신들의 이해와 상충되는 정책과 부딪치면 달라질 수도 있다.

국민의 불안을 없애주고 희망과 활력을 줄 수 있는 예측 가능한 정책이 나와야 한다. 사정작업에 보내던 박수가 또 다른 의미에서 계속될 수 있도록 다시 새로운 바람을 일으켜야 한다. 뭔가 다른 변화가 있어야 한다.

뿐만이 아니다. 지난날 권위주의시대에 사회 곳곳에 스며있는 잔재를 하나하나 청산해감으로써 국민들의 억눌린 심리를 풀어줘야 한다.

통행이 제한됐던 청와대 앞길과 인왕산을 개방하고 곳곳의 대통령전용시설도 폐쇄하거나 공개했다. 대통령이 청와대에서 칼국수 점심을 들며 서민들과 담소를 하기도 했다.

초법적 권력을 누리던 안기부와 기무사의 기구를 축소하고 민간사찰을 중지시키기도 했다. 또한 12.12를 하극상에 의한 쿠데타적 사건으로 규정하고 관련 장성을 축출함으로써 군에 대한 문민정부의 권위를 확립하고 군의 문민화를 도모했다.

노출된 문제점

이 같은 개혁 작업이 각종 여론조사결과가 보여주듯이 대다수 국민의 지지 속에 박수를 받아온 게 사실이다. 그러나 시간이 흐르면서 개혁 작업에 대한 문제점이 표출되고 비판의 소리가 나오는 것도 부인할 수 없다.

우선 그동안의 개혁 작업이 대통령 1인 중심으로 이뤄지고 있다는 인상을 줘온 점이다. 대통령 혼자 독주함으로써 정책적 뒷받침을 받지 못했고 정치권을 무력화했다는 지적이다.

집권여당인 민자당(民自黨)도 주요정책결정을 일방적으로 통보받아 어쩔 수 없이 따라가 국정운영에 방관자적 입장을 벗어나지 못하고 있다는 인상을 주고 있는 게 사실이다.

뿐만 아니라 개혁정책에 대한 문제점을 지적하거나 보완책이 논의되면 이를 반개혁으로 몰아붙이는 분위기까지 조성되고 있다는 점이다.

또한 국민생활과 직결된 중대 문제를 발표하면서 어느 날 갑자기 단행함으로써 국민을 놀라게 하고 있다는 지적도 있다.

이 같은 일은 언제 어떤 내용의 발표가 전격적으로 나올지 몰라 국민을 불안하게 할뿐 아니라 예측이 불가능하다는 점에서 정치의 안정을 꾀하기도 어렵다.

또한 개혁정책에의 거국적, 국민적 동참분위기를 형성하는데 저해요인이 될 수도 있다.

대전일보 1993년 8월 28일(제13544호)

공무원부정(公務員不正) 막을 길 없나?

세금비리 엄청

공무원들의 조직적인 대규모 세금횡령사건이 여기저기서 터져 국민에게 엄청난 충격을 주고 있다. 참으로 안타까운 세태다.

인천(仁川)북구청의 80여억 원 횡령사건의 파장이 채 가시기도 전에 부천(富川) 3개 구청에서 다시 22억여 원의 세금을 도둑질한 사실이 드러나 허탈감마저 든다.

인천(仁川)북구청사건이 터졌을 때 "다른 곳은 대부분이 세정업무가 전산화돼 세금도둑질이 원천적으로 불가능하다더니…" 국민은 배신감을 떨치지 못하고 있다.

부천(富川)사건도 인천(仁川)과 똑같이 공무원과 법무사가 서로 짜고 가짜영수증을 만들어 국고에 들어가야 할 취득세 · 등록세를 가로챈 것이다.

이들은 또한 등기소에서 넘겨받아 구청에 보관토록 되어있는 등록세 영수증 45만여 장을 태우거나 없애버렸다. 사건을 숨기거나 축소하기 위해서였다는 의혹을 벗어나기 어렵다.

인천(仁川)과 부천(富川)의 횡령수법이 같고 보면 비슷한 시기에 입주한 다른 신도시에서도 같은 유형의 세금도둑질이 있었을 가능성을 배제할 수 없다. 결국 규모엔 차이가 있을지언정 전국 곳곳에 이 같은 세금착복사례가 있으리라는 추측도 어렵지 않다.

부천(富川)시 공무원과 법무사들이 짜고 빼돌린 세금횡령액이 지금까지 밝혀진 게 22억4천여만 원이지만 세무관계자들은 1백억대는 될 것이란 주장을 하고 있다.

세금도둑질이 전국적인 현상이라면 얼마나 많은 혈세가 일부 비리 공무원의 배를 불리기 위해 빠져나가는지 짐작하고도 남음이 있다.

세금 착복현상이 전국적으로 확산될 조짐이 있자 온국민이 분노하며「혈세지키기 시민운동」마저 태동할 움직임을 보이고 있다. 언제까지 부정의 늪을 헤매야할지 안타까운 일이다.

감춰선 안될 일

이번 부천(富川) 세금횡령사건은 더구나 관련기관들의 은폐 · 축소기도의혹 때문에 국민에 더 큰 충격을 주고 있다. 세금횡령도 문제지만 관련 및 상급기관에서 이를 숨기려는 기도가 있다면 이는 더큰 문제다. 이래서는 결코 부정의 고리를 끊기 어렵기 때문이다.

감사가 진행되면서 횡령사실이 드러났지만 각급기관에선 이들 횡령범들에게 근무 복귀를 종용하거나 횡령액 변제를 요구하는 등 내부수습에만 골몰했다. 때문에 이 사이에 횡령범들이 대부분 재산을 빼돌리거나 자취를 감췄다.

범인이 달아났는데도 단순히 장기결근으로 처리했을 뿐 고발 등 필요한 조치를 하지 않았다. 마치 범인들의 잠적과 재산도피를 묵인 내지 방조한 꼴이 되고 말았다.

기관들도 인천(仁川)북구청사건으로 세금비리에 대한 국민감정이 고조돼 있는 판에 다시 부천(富川)사건을 알려 정치적 부담을 가중시키고 싶지 않았을 것이다.

그러나 한편 뒤집이 생각하면 오히려 그런 판에 이 같이 중요한 사건을 숨기려했다면 더욱 잘못된 일이다. 부천(富川)사건은 혐의 내용이 나타나는 대로 행정절차를 따지기 전에 관련자에 대한 형사고발이나 신병확보 등 필요한 조치를 즉각 했어야 옳았다.

더구나 세금횡령공무원들은 세금분야 한자리에서만 3~7년씩 있으며 비리를 저질렀다. 비호세력이 없고서는 어려우리란 의혹이 있다.

또한 아직 이들은 표면적으로는 치부한 흔적이 없다. 이들이 횡령한 22억여 원의 행방도 문제다. 최소한 이중일부는 상부에 상납했을 가능성을 배제할 수 없다.

이 같은 의혹들을 철저히 밝혀내 적절한 조치를 않는다면 고조된 국민감정을 가라앉히기도 어렵고 부정과 비리를 척결하기도 힘들 것이다. 이러한 사건들을 국민이 납득할 수 있을 정도로 명쾌하게 처리하지 않으면 아무리 강력한 사정작업도 도로에 그치고 말 것이다.

가혹한 응징을

인천(仁川) · 부천(富川)만이 문제가 아닐 것이다. 사정당국이 세금비리 적발에 나선 이후 규모와 수법에 차이는 있을망정 전국 곳곳서 양도세, 갑근세, 차량취득세 등 각종 세금착복사례가 나타나고 있다.

이제는 국민모두가 자기의 각종 세금이 제대로 처리되고 있는지 의혹을 가질 정도로 당국을 못믿게 끔 됐다.

정부가 내주부터 내각과 감사원, 민간전문가들로 구성된 합동특별감사반을 편성, 전국 시군구에 대한 지방세 특별감사를 실시한다니 이 기회에 국민의 의구심을 말끔히 씻어줘야 할 것이다.

또한 공무원의 비리가 세무분야에만 국한된 것은 아닐 것이다. 세무분야 이외에도 얼마든지 있다.

새정부가 출범하면서 부정 · 부패추방에 역점을 두고 대대적인 개혁 작업을 벌여 왔다. 그러나 사정한파가 몰아칠 때도 한편에선 세금도둑질이 계속되고 있었다.

과연 우리의 공무원 부정부패는 뿌리를 뽑을 수 없을 것인가? 도저히 구제불능의 상황인가? 안타까운 현실이다.

최근 국민들의 공무원상에 관한 공보처 여론조사에 의하면 가장 먼저 떠오르는 게 부정부패였다고 한다. 공무원의 청렴도도 10점 만점에 5점을 약간 상회하고 있을 정도다.

한편 대다수 국민은 공무원의 부정부패를 척결하기 위해선 임금 등 처우가 대폭 개선돼야 한다는 생각을 가지고 있는 것으로 나타났다. 그러나 현재 공무원들이 생계수단으로 부정을 저지른다고 보기는 어렵다. 비리가 있었다 하면 대개가 억대를 넘어서는 대규모인 것만 봐도 알 수 있다.

역시 공무원사회의 부정부패를 척결하기 위해선 비리는 언젠가 반드시 드러나고 드러난 비리엔 지위고하를 막론하고 엄격하게 책임을 물어 반드시 혹독한 응징이 따른다는 인식을 확산시켜야 한다.

대전일보 1994년 11월 26일(제13925호)

너무 나돌아 다닌다

극심한 교통난

오늘이 크리스마스이브고 내일이 성탄절이다. 그리고 일주일만 있으면 연말연시의 연휴가 시작된다.

시내의 거리는 온통 성탄절과 연말연시의 어수선하고 부산한 분위기로 출렁거리고 있다.

번화가는 휘황찬란한 불빛 속에 어깨를 부딪쳐야만 지날 수 있을 정도로 인파가 붐비고 그럴싸한 호텔이나 음식점은 망년회 등 각종 모임으로 호황을 맞고 있다.

시내 중심가는 온통 사람과 차로 만원이다. 더구나 연말연시가 시작되면 고속도로를 비롯해서 전국의 도로에선 그 끔찍한 교통전쟁을 다시 치러야 할 모양이다.

오는 31일부터 새해 1월 2일까지 3일간 이어지는 이번 연휴기간엔 전국적으로 예년보다 18% 늘어난 1천2백60만 명이 이동할 것으로 예상된다니 교통의 어려움이 어떨지 짐작할만하다.

새해 연휴를 맞아 고향엘 가거나 휴양 · 관광지를 찾기로 계획을 세우고 있는 사람들은 벌써부터 걱정이 태산 같다.

정부는 이번 연말연시의 원활한 교통소통을 위해 고속도로 일부 구간의 진출입을 통제하고 하행선에만 실시했던 버스전용차선제를 상행선까지 확대실시 한다고 하지만 의도대로 교통난이 해소될 수 있을지 의문이다.

또한 대전 등 전국 6대도시의 버스터미널에서 고속도로 진입로까지 시내도로에 대해서도 버스전용차선제를 적용하고 이를 위반하는 차량엔 범칙금 3만원과 20점의 벌점을 부과키로 했다는 소식이다.

이번 연말연시뿐 아니라 설 · 추석 등 연휴 때만 되면 고속도로는 물론 전국 주요도로 곳곳이 정체되는 등 번번이 교통난리를 겪게 되니 한심한 일이다. 현 상황에선 아무리 묘수를 짜내 봐도 단시일 내엔 해소시킬 방도가 없으니 이만저만 답답한 노릇이 아니다.

나들이가 잦다

연휴 때만이 아니다. 주말마다 차량행렬이 고속도로를 메우고 매일 출퇴근시간대면 차가 밀려 애를 태운다. 그러고 보면 항상 교통난에 시달리며 살아가고 있다는 얘기가 된다.

그럼에도 가까운 시일 내엔 좀처럼 개선될 방도가 없으니 큰일이다. 개선되기는커녕 오히려 점점 더 심각한 상황으로 빠져드는 게 현실이다.

이처럼 우리가 격심한 교통난을 겪게 되 는 원인은 우선 근본적으로 도로사정이 좋지 않은데다 차량이 계속 늘어나고 있기 때문이다.

우리나라 자동차 등록대수는 지난 9월말로 7백만 대를 넘어섰다. 실제로는 이보다 많은 차가 굴러다닐 것이고 앞으로도 자동차는 계속 늘어날 것임에 틀림없다.

금년은 연간 국산승용차 내수 판매대수가 우리나라 자동차공업사상 처음으로 1백만 대를 넘어서는 해가 될 것이라고 한다. 세계적으로 자국산 승용차의 내수판매가 1백만 대를 넘어서는 나라는 미국, 일본, 독일, 이탈리아, 영국, 프랑스뿐이라니 우리나라가 그 일곱 번째 국가가 된 셈이다.

좁은 땅덩어리에 인구는 많고 도로는 거북이걸음으로 느는데 자동차증가는 토끼뜀이니 교통난을 겪지 않을 수 없다.

거기다가 우리는 요즘 너무 밖으로 나다니는 생활을 하고 있다. 집은 없어도 자동차는 있어야 한다는 생각이고 자동차가 있으니 더욱 나다니게 되는지 모르겠다.

연휴 때가 아니더라도 주말이면 웬만한 관광지나 휴양지, 유원지엔 행락객이 만원을 이룬다. 여기에 각종 모임도 많아 바깥나들이와 외식도 잦은 편이다. 연말이면 모임마다 망년회를 가져 한사람이 몇 차례씩 치르게 되는 게 보통이다. 도시근로자 가정의 외식비가 월평균 10만원을 넘어섰다는 통계도 나왔다.

조용한 연휴를

우리도 이제 이만큼 살게 됐으니 자동차도 사고 나들이도 즐길 만큼 되지 않았느냐는 얘기도 나온다. 어떤 이는 우리가 검정고무신도 없어서 못 신던 때가 언제인데 이제 자동차를 흔히 타고 다니게 됐으니 얼마나 대견한 일이냐며 자동차 운행을 줄여야한다는 주장에 항변하기도 한다.

또 복잡한 현대생활에서 스트레스를 풀고 내일을 위한 재충전을 위해선 관광, 행락 등 바깥바람을 쐬어야 한다는 주장도 만만치 않다.

연휴나 주말에 고속도로를 꽉 메 운 차량의 행렬, 출퇴근 시간대에 도심의 거리에 넘치는 차량의 물결, 휘황한 불빛이 점멸하는 번화가를 부산스레 오가는 인파들을 볼 때면 풍요를 구가하고 활력이 넘치는 듯한 느낌을 갖게 될 때가 있다.

그러나 이 같은 모습 모두가 생산적 활동에 연결되느냐 하는데는 문제가 있다. 분수에 넘치는 과소비현상이 아닌지 모를 일이다.

우리가 지나치게 밖으로 나돌고 있는 게 아닌가 한번 곰곰이 생각해봐야 한다. 밀리는 차량으로 곳곳의 길이 막혀 교통체증에 의한 연간 손실이 평균 6조 원을 넘어선다니 이만저만한 낭비가 아니다.

주말마다 행락지를 찾고 매일같이 모임에 쫓아다니며 밖으로만 나돈다면 언제 가족과의 시간을 갖고 책은 언제 읽겠는가? 가족과의 대화가 적어 자녀교육에 문제가 생기고 책을 안 읽는 국민으로 낙인찍혀서야 선진국대열에 들어설 수 없다.

새해 연휴는 설, 추석명절과 달라 고향을 찾기보다는 행락지를 찾는 사람들이 많을 것이다.

우리는 너무 밖으로 나도는지 모른다. 이번 연말연시엔 집에서 가족과 함께하며 지난 한해를 되돌아보고 자신의 주변정리를 하는 조용한 시간을 갖는 것도 좋을 것이다.

대전일보 1994년 12월 24일(제13949호)

엄청난 사부담(私負擔) 교육비

가계압박 가중

며칠 전 교육개발원이 펴낸 「한국 교육투자분석」을 보면 우리나라 학부모들이 자녀들의 교육비를 대느라 얼마나 힘들지를 짐작케 한다.

작년 한해 동안 유치원에서부터 대학까지 자녀교육을 위해 학부모들이 들인 사(私)교육비는 모두 17조4천6백여억 원으로 공(公)교육비 16조7천5백여억 원보다 많다. 더구나 사교육비 비중에서도 초등학교 · 중학교 · 고등학교 학생들의 과외비로만 5조8천4백여억 원을 쓴 것으로 나타났다. 우리의 가계수준으로 보아 엄청난 액수가 아닐 수 없다.

따지고 보면 학부모들의 부담이 사교육비에서 그치는 게 아니다. 공교육비 가운데서도 등록금 등 학부모들이 부담해야할 부분까지 합친다면 지난해 사부담 교육비는 무려 23조4천6백여억 원이나 된다. 정부의 교육예산 11조5백여억 원의 배가 넘는다.

다시 말하면 작년 기준으로 학생 1명이 유치원에서 대학을 졸업할 때까지 드는 교육비가 총5천7백여만 원인데 이중 30% 정도는 정부가, 70% 정도는 학부모가 부담하게 된다는 얘기다. 이러니 학부모들의 허리가 휘지 않을 수 없다.

한 달 소득이 1백만 원 미만인 가정도 17만원 내지 29만 원정도의 사교육비를 매달 지출하고 있으며 보통 2명의 자녀를 둔 도시근로자 가정의 경우, 가계지출액의 20~30% 이상을 쓰는 것으로 나타나 얼마나 힘겨운 일인지를 짐작케 한다.

사교육비지출은 고학년보다는 저학년일수록, 읍면지역보다는 도시지역일수록, 가계의 월평균 소득이 많으면 많을수록, 학부모의 학력이 높으면 높을수록 더 많이 지출하고 있다.

언제까지 우리의 학부모들이 이 같이 과중한 교육비로 가계압박을 받아야하는지 앞이 보이지 않는다는데 문제의 심각성이 있다.

거센 과외(課外)열풍

사교육비 중에서도 특히 입시학원비, 개인과외비, 특기 · 재능학원비 등 과외관련경비가 엄청나다. 초 · 중 · 고생만 대상으로 해도 5조8천4백여억 원이나 된다. 실제로는 이보다 훨씬 더 될지도 모른다.

초 · 중 · 고등학교 학생이 있는 가정이라면 잘살든 못살든 거의 전부가 나름대로 과중한 과외비를 물고 있는 게 사실이다. 이 때문에 특히 중산층 이하 가정에선 벅찬 과외비를 조달하느라 이만저만 어려움을 겪는 게 아니다. 가정경제는 물론 국민경제가 타격을 입지 않을 수 없다. 오죽했으면 「과외망국론(課外亡國論)」이 운위되기까지 했을까?

과열과외로 인한 병폐는 비단 어제오늘의 문제가 아니다. 지난 수년간 최우선적으로 바로잡아야 할 심각한 사회문제로 늘 제기돼 왔었다.

한때는 불법과외를 뿌리 뽑겠다는 결연한 의지로 과외교사를 구속하고 학부모의 이름을 공개하는 등 강력한 억제책을 써보기도 했다. 그러나 끝내 바로잡지 못하고 오늘에 이른 것이다.

요즘 한창 각 대학의 합격자가 발표되고 있지만 최근 수능시험의 도입, 대학의 본고사부활 등 대학입시제도의 변화로 이제는 국교생·중학생들에게까지 글짓기·신문사설 읽기·영어회화 등 다양한 형태의 과외가 성행하고 있다.

과외방법도 개인과외를 비롯해서 소규모 입시학원의 그룹과외, 대형학원의 집단과외, 현직교사의 비밀과외 등 여러 가지 길이 있는 모양이다.

과외 내용 또한 다양하다. 아예 대학합격을 조건으로 하는 계약제과외, 막판에 벼락치기로 본고사에 대비하는 족집게과외, 학교성적을 올려주는 내신과외, 수학능력시험에 중점을 둔 수능전담과외 등 여러 가지가 있다고 한다.

과외내용이나 방법에 따라 과외비도 천차만별이지만 현직교사의 비밀과외 등은 서민으로서는 감히 상상도 못할 정도로 고액이라고 한다.

재연될 망국론(亡國論)

과외열풍의 원인엔 여러 가지가 있겠지만 우선 대학의 문이 좁은데다 내 자식만은 어떻게든 일류대학에 합격시켜야겠다는 부모들의 교육열 때문으로 풀이할 수 있다.

대학정원이 시장원리에 의해 조정될 수 있다면, 또한 학벌이 일생을 좌우하는 사회풍토가 변한다면 과외열풍은 사그라질 수도 있을 것이다. 그러나 가까운 시일 내에 그 같은 기대가 실현되기는 어려울 것으로 보인다.

이번 대학입시처럼 앞으로도 본고사를 보는 대학이 늘어나고 내신성적이나 수능시험의 비중이 낮아진다면 과외열풍은 더욱 거세질 것이다.

더구나 지금 한창 논란을 거듭하고 있는 고교평준화제도가 해제된다면 중학교에도 내신과외열풍이 더욱 기승을 부릴 것임에 틀림없다.

고교평준화제도가 하향평준화로 둔재만 양성해 왔으며 교육의 특성을 살리지 못해왔다는 비판을 받아온 게 사실이지만 과외를 억제하는 측면에선 긍정적 평가를 받아온 것도 부인할 수 없기 때문이다.

과도한 과외는 학교교육에 대한 불신과 교원들의 사기저하 등 공교육의 황폐화현상을 초래할 우려가 있다.

또한 과외비의 과도한 부담은 사회계층간 균등한 교육기회를 보장해주지 못하고 계층 간 갈등, 나아가서는 사회비리를 조장할 가능성이 짙다.

허리띠를 졸라매거나 파출부 일을 해서라도 과외공부를 시키는 어려움은 그래도 긍지를 느낄 수도 있겠지만 그마저 안돼 과외공부를 못시키는 학부모들의 좌절감은 어떻게 할 것인가?

학교교육만으로도 상급학교에 갈 수 있고 제몫을 하는 사회구성원으로 키울 수 있는, 그리고 그렇게 살아갈 수 있는 제도와 풍토가 정착돼야한다. 과외망국론이 재연되는 일이 있어서는 안 될 것이다.

대전일보 1995년 1월 28일(제13978호)

다급한 인간성(人間性) 회복

결국 돈 때문에

금융학원 이사장 피살사건은 현직 대학교수인 큰아들이 재산상속을 노려 저지른 단독범행으로 결말이 났다. 자신이 경영하는 회사가 자금압박에 시달리자 유산상속을 빨리 받기 위해 저지른 범행이라는 것이다.

참으로 어처구니없는 노릇이다. 참담하다 못해 허탈감마저 느끼게 한다. 사람의 탈을 쓰고 과연 그럴 수 있을까? 하고 곱씹어보게 하는 패륜범죄다.

부자간의 혈연은 천륜이다. 자기를 낳아 길러주고, 공부시켜 출세시켜준 부모를 죽인 행위는 어떤 이유로도 합리화할 수 없다. 그렇긴 하지만 그래도 최고의 지성을 자처하는 대학교수가 자기 아버지를 죽일 때는 그럴싸한 까닭이 있지 않았겠느냐는 생각도 갖게 했었다. 그러나 결국은 돈 때문이었다.

범인은 국내에서 명문대학을 나와 미국에 유학 가서 석사 · 박사 학위를 받고 온 중년의 대학교수다. 돈 앞에서는 지성도, 사회적 지위도, 명예도 무력했다는 얘기다.

작년에 있었던 한약업자 부모살해 및 방화사건도 역시 돈 때문이었다. 그리고 대부분의 존속살해나 폭행 등 패륜범죄들도 물욕에서 비롯됐다.

우리는 지난 수십 년간 지나치게 물질만을 추구해오다보니 어느 정도 물질적 풍요를 누릴 수 있게는 되었으나 반면에 정신세계가 상당히 메말라 있음을 깨닫게 됐다.

황금만능풍조 속에 모든 인간관계가 이해관계로 전락하고 극도의 도덕성상실상태에 직면하게된 것이다. 도덕과 예술과 종교와 학문의 가치가 모두 돈으로 환산되는 세상이 되어버렸다고 해도 과언이 아니다. 추구하는 모든 가치가 물질중심이 된 것이다.

이런 상황에선 진정한 인간관계가 형성되기 어렵다. 때문에 부모자식 간에도 이해관계가 강하게 작용, 천륜을 저버린 패륜범죄가 자리할 수 있게 됐다고 볼 수 있다.

위기 맞은 사회

대학교수의 살부(殺父)사건을 통상의 대열에서 벗어난 한 인간의 극단적 행위로 치부해 버릴 수도 있을 것이다. 그러나 그럴 수 없다는데 문제의 심각성이 있다.

존속살해 및 폭행사건은 근래 몇 년 새 계속 늘어가고 있다. 경찰에 따르면 지난해와 93년의 존속살해사건은 각각 32건과 41건이 일어난 것으로 되어있다.

금년 들어서도 벌써 5~6건이 된다.

존속상해 및 폭행사건은 이보다 훨씬 많아 93년에 9백50건, 작년에 9백54건이 일어난 것으로 집계됐다.

그러나 이 같은 수치는 경찰이 입건, 처리한 사건의 통계일 뿐 실제로는 이보다 훨씬 많을 것이다. 존속상해 및 폭행 등은 가족 간의 문제인데 다 밖으로 드러나는 것을 극히 꺼리는 사안이란 점을 감안한다면 실제 얼마나 많은 사건이 일어나고 있는지 짐작할만하다.

대학교수 살부사건이 온 국민을 충격 속에 몰아넣고 있는 그 와중에도 이 사건에 가려 국민의 관심을 끌지는 못했지만 이와 유사한 사건들이 계속 일어나고 있었다.

부천(富川)에서는 상습적으로 어머니를 때리는 아버지를 흉기로 찔러 숨지게 하는 사건이 있었는가 하면 당진(唐津)에서는 자신의 교통사고로 다친 친구의 치료비를 마련하기 위해 아버지를 흉기로 찌르고 돈을 빼앗으려 강도짓을 하다 미수에 그친 사건도 있었다. 또 서울 용산(龍山)에서는 돈을 주지 않는다며 80노부를 상습적으로 폭행해온 나이트클럽 종업원이 구속되기도 했다.

누구라도 언제 이 같은 끔찍한 사건이 나에게 또는 내 주변에서 일어나지 않는다고 장담하기 어렵게 됐다.

대학교수 아들에게 죽임을 당한 그 아버지도 평소에 그같이 끔찍한 일이 자기에게 일어나리라고 짐작조차 못했을 것이다. 그러나 그런 일을 당했다.

이제 부모를 죽이고 부모를 폭행하는 일이 남의 일로만 치부될 수 없게 됐다. 자식이 겁나고 가족을 믿을 수 없는 서글픈 세상이 되어버린 것이다.

비뚤어진 교육

우리 사회가 위기상황을 맞고 있음에 틀림없다. 어떻게든 이 상황에서 빠져나갈 방법을 모색해야 한다.

우리는 오래전부터 기회가 있을 때 마다 정부는 물론 사회 각계각층에서 말살된 인간성을 되살리려고 노력을 기울여왔다.

그러나 모두가 허사였다. 오히려 더욱 황폐해간다는 느낌이다.

왜 이지경이 되었을까? 이렇게 된데는 여러 가지 원인을 들 수 있을 것이다. 「돈이면 다」라는 황금만능주의의 팽배, 핵가족화에 따른 전통적 가정윤리의 붕괴, 자유민주주의가 키워준 극단적 이기주의, 도덕적 불감증에 의한 인명경시풍조 등을 열거할 수 있다.

이 같은 요인들이 상호상승작용을 일으켜 인간성을 극도로 황폐화시키고 끝내는 부모를 살해하는 최악의 패륜범죄로까지 이어진다고 볼 수 있다.

이제 모두가 인간성회복운동에 나서야 할 때다. 갈수록 황폐해가는 인간성을 회복하고 병든 사회를 치유하는 길은 아무래도 교육에서 찾아야 할 것이다.

교육은 가정에서부터 시작되어야 한다. 그리고 제도의 개혁보다는 의식의 변화가 일어나야 한다. 교육이 아주 어렸을 때부터 올바른 가치관을 심어주어야 한다. 만약 그렇지 못한다면 인간성회복은 기대하기 어렵고 패륜적 범죄는 계속될 수밖에 없을 것이다.

요즘 대부분의 부모들이 자식을 올바로 키우지 못하고 있다는 얘기들이다. 자녀들이 공부만 잘해서 일류대학에 들어가 준다면 다른 것은 아무래도 좋다는 식으로 가르치고 있는 게 사실이다.

그리고 이를 위해 어떤 희생도 감수하고 있다.

결국 어려서부터 비뚤어진 교육이 올바른 가치관을 심어주지 못하고 여기서 패륜적 범죄가 싹틀 수 있다는 결론이다.

대전일보 1995년 3월 25일(제14024호)

삭막한 가정(家庭)

눈물겨운 모정

며칠 전 서로가 다투어 자신이 살인을 저질렀다고 죄를 뒤집어쓰려고 한 어느 눈물겨운 모녀의 얘기는 많은 사람들을 감동케 했다.

포악한 동거남에게 수년 동안 시달려온 딸의 고통을 보다 못해 딸의 동거남을 살해한 모정과, 노모의 살인을 감추고 어머니대신 벌을 받으려고 한 딸의 효심이 보는 사람들의 심금을 자극했기 때문이다.

자신을 위해 살인을 저지른 어머니의 범행을 대신 뒤집어쓰고 20일간 구속됐다 풀려난 딸과 양심의 가책 속에 딸의 억울한 옥살이를 차마 두고 볼 수 없어 스스로 진상을 밝히고 교도소로 들어간 어머니와의 기구한 운명은 모든 사람의 눈시울을 뜨겁게 했다.

『몇 번이나 자수를 만류했는데 왜 이야기를 했느냐』는 딸의 원망과 『죄를 뒤집어쓰고 옥살이를 하는 너를 그대로 놔둘 수 없었다』는 어머니의 절규는 비록 살인이라는 끔찍한 범죄가 미화될 수 없다 하더라도 보는 사람들을 감동시키기에 충분했다.

재산을 노리고 부모를 살해까지 하는 세상에서, 부모를 모시기 싫다고 늙고 병든 부모를 거리로 내모는 세태에서 이들 모녀의 얘기는 아름다울 수도 있다.

지금 우리는 극도로 도덕성이 상실된 사회에서 살고 있다. 부모와 자식 간 또는 형제자매간을 이어주는 인륜의 도리를 끊고 극도의 이기주의가 판을 치는 삭막한 세상을 살아가고 있는 것이다.

삶의 뿌리요 행복의 원천인 우리의 가정이 가치관의 혼돈과 도덕적 타락 속에 황폐의 도를 더해가고 있음을 부인할 수 없다.

가정의 화목과 질서를 지켜온 경로효친의 전통적 미덕이 날이 갈수록 무너져가고 있으며 이 때문에 부모와 자식 간의 갈등과 함께 청소년·노인문제가 심각하게 대두되고 있다.

가정의 소중함

5월을 「가정의 달」이라고도 하고 「청소년의 달」이라고도 한다. 5월엔 어린이날, 스승의 날, 성년의 날들이 연이어 들어있다. 특히 어버이날을 시작으로 오는 14일 까지 일주일동안을 「경로주간」으로 정해 각 사회단체들이 중심이 돼 노인체육대회, 노인잔치 등 다채로운 행사를 펼치고 있다.

5월을 가정의 달로 정해 기리는 의미는 가정의 중요성을 일깨우자는데 있을 것이다.

가정의 소중함은 새삼 강조할 필요조차 없다. 가정의 화평이 가족구성원의 행복과 직결돼 있을 뿐 아니라 건전한 사회를 이루는 관건이 된다.

그럼에도 가정의 화목과 질서를 깨는 비도덕적이고 비인륜적인 사례들이 꼬리를 물고 일어나 뜻있는 사람들을 안타깝게 하고 있다.

어버이날을 전후해서 며칠 동안 일어난 몇가지 사건들만 봐도 우리의 가정이 얼마나 삭막한지를 짐작케 한다.

자식들과 떨어져 혼자 아파트에 살던 70대 노인이 숨진 지 20여

일만에 발견된 사건이 있었다. 자식들이 얼마나 무심했으면 이런 일이 일어날 수 있었겠는가? 또한 혼자 살다 숨을 거두기까지 그 노인은 얼마나 외로움과 괴로움을 겪었을지 짐작 할만하다.

병들어 자식 고생시키기 전에 죽겠다며 아파트에서 투신자살한 팔순 할머니가 있었는가 하면 치매 증세를 보이던 역시 80대 노파가 집밖에서 숨진 채 발견되기도 했다.

며느리와 사이가 좋지 않아 집을 나온 뒤 여관을 전전하다 지병이 악화돼 숨진 어머니가 있었는가 하면 친할머니를 마구 때리고 돈을 빼앗아 달아난 손자도 있었다.

지켜야할 전통

어버이날이 계기가 돼서 이러한 사건들이 두드러지게 보도 됐을 뿐 이제 이와 유사한 가정파괴적, 패륜적 사건들은 늘상 우리 주변에서 일어나는 범사가 되어버리고 말았다.

근래 우리사회는 급격한 산업화의 길을 치달으며 지나치게 물질만을 추구해온 게 사실이다. 이 때문에 정신세계가 메말라갈 수밖에 없었고 극도의 이기적 사고와 배금풍조가 우리의 삶을 지배하게 됐음을 부인할 수 없다. 이와 함께 전통적 대가족제도가 붕괴되면서 바쁘게 핵분열을 일으켜 종래의 가족관과 이에 따른 가정윤리에 일대 변혁을 가져온 게 사실이다. 이 과정에서 부모와 자식, 신세대와 구세대 등 가족 간의 갈등과 대립이 심화되고 경로효친 등 전통적 가정윤리가 무너지게 됐다.

때문에 이제 노인문제나 청소년문제는 가족윤리나 도덕에만 맡길게 아니라 국가 사회적 복지차원에서 해결할 수밖에 없다는 결론에 도달하게 된다.

물론 국가의 복지정책이 자리를 잡아가야 한다는 원칙엔 이론의 여지가 있을 수 없다. 그러나 노인이나 청소년문제의 해결을 정책적 수단에만 의존할 수는 없다.

국가정책도 바람직한 가정윤리를 토대로 해야만 인간적인 사회를 이룩할 수 있다. 전통적인 가정윤리와 도덕은 영원히 지켜나가야 한다.

어버이날을 맞아 상을 받은 사람 중엔 15년간이나 반신불수가 되어 대소변을 가리지 못하는 시어머니를 극진히 모셔온 며느리가 있는가 하면 40년간 홀몸으로 가정을 이끌며 4남매를 대학까지 졸업시킨 장한 어머니도 있었다.

전통적 가정윤리의식이 없다면 어떻게 이런 일을 해낼 수 있었을 것인가? 가정의 달을 맞아 우리 모두가 가정을 위해 무엇을 해야 할 것인가를 생각해야할 것이다.

대전일보 제14370호

도마에 오른 그린벨트

규제완화 움직임

그린벨트(개발제한구역)가 다시 도마 위에 올려져 칼질을 기다리는 형국이 됐다. 어떻게 손질을 해야 할지 논란이 한창이다.

최근 총선을 치른 정치권에선 그린벨트 개발제한 완화를 위한 입법을 서두를 움직임을 보이고 있으며 각 지방자치단체들은 어떻게 해야 그린벨트를 이용할 수 있을까 하고 그 방안을 궁리중인 모양이다.

여기에다 현재 그린벨트 지역 내에 살고 있는 주민들의 요구가 거세다. 그린벨트 지역에 대한 전면적 실사와 함께 집단취락지의 구역해제, 백화점 · 병원 · 은행 등의 편의시설 허용을 위한 특별법의 제정을 강력하게 건의하고 있다.

심지어 일부에서는 그린벨트지정을 아예 폐지해야 한다는 주장까지 나오고 있는 실정이다.

건교부에선 그린벨트 내에 취락정비구역을 설정, 지금까지 산재해있는 집단 거주지역을 양성화할 방침인 것으로 알려지고 있다. 건교부 관계자 얘기로는 그린벨트 내에 있는 취락을 정비하면 그린벨트를 보조하면서 구역주민들의 생활불편을 해소할 수 있다지만 말 그대로 될지 의문이다.

가구당 대지 면적이 전보다 넓어지고 건폐율과 용적률이 확대될게 뻔한데 이렇게 되면 사실상 그린벨트 이용을 완화하고 자연이

훼손되는 결과를 가져올게 분명하다.

또한 전국의 지방자치단체와 의회관계자들이 모여 공동으로 그린벨트 활용방안을 모색한데 이어 일부에선 구체적인 이용계획을 건의할 모양인데 이에 대한 건교부의 대처가 주목되지 않을 수 없다.

구역민의 불만과 지방자치단체의 개발 의욕이 맞물려 정치권의 현안으로 떠오르면서 그린벨트가 다시 몸살을 앓고 있는 것이다.

녹지 확보에 공헌

지난 71년 그린벨트제도가 시행된 이후 그린벨트의 보호 · 관리는 우리사회의 골치 아픈 문제로 끊임없이 논란의 대상이 되어왔다. 그린벨트의 불법적인 훼손과 단속을 둘러싼 마찰은 물론 그린벨트 내 주민들의 완화 및 해제민원은 아직도 해소되지 않은 채 계속 돼오고 있다.

그동안 불법으로 훼손되거나 공공목적 등 적당한 이유로 조금씩 규제가 풀려오긴 했지만 골격만은 유지해왔다.

아마 정부가 25년간이나 강력한 의지를 가지고 비교적 일관성 있게 꾸준히 밀고나온 정책이 있다면 그린벨트제도였다고 해도 과언이 아닐 것이다.

그랬기 때문에 도시주변에 그나마 오늘과 같은 녹지공간을 확보할 수 있었던 게 사실이다. 그리고 서울은 물론 대도시의 대기오염 등 각종 공해를 이정도 나마 줄일 수 있었다.

만약 그린벨트제도가 시행되지 않았더라면 지금의 도시모습과 환경이 어떻게 되었을지 상상만해도 끔찍하다.

특히 서울의 경우는 말할 것도 없으려니와 대부분의 대도시는 구획도 없이 무질서하게 팽창만을 거듭, 황량한 도시모습이 한없이 이어졌을 것임에 틀림없다.

변변한 공원이나 녹지공간을 제대로 확보하지 못한 채 시멘트숲으로 개발되고 있는 현재의 도시 형태로 미루어 봐도 쉽게 짐작할 만하다.

자연과 함께하는 도시, 푸르름이 있는 쾌적한 도시환경은 삶의 질을 높이는데 필수적 요소다.

그린벨트를 설정하는 가장 중요한 목적은 콘크리트와 아스팔트로 뒤덮여 무한히 이어질 도시 주변지역에 녹지공간을 확보하고 도시의 무질서한 팽창을 차단하자는데 있다.

그린벨트가 구역민의 생활을 불편하게 하고 개발을 가로막는 요인이 되기도 했지만 각종 공해로부터 도시민의 건강을 지켜주는 구실을 해온 것도 사실이다.

손질은 신중하게

그러나 이 같은 그린벨트가 최근 다시 도마 위에 올랐다.

구역 내의 주민은 물론 지방자치단체 등 각계에서 규제를 완화하려는 움직임이 부산하게 일고 있는 것이다.

그린벨트가 도시의 환경을 쾌적하게 해준다고 하지만 가장 큰 문제는 구역 내에 사는 주민들의 재산권을 침해하고 생활을 불편하게 한다는데 있다.

주민들이 재산권을 제대로 행사하지 못하고 건축물의 증개축이나 개보수도 엄격히 규제받을 뿐 아니라 각종 편의 복지시설을 할 수 없어 겪는 불편은 이민저만이 아니다.

또한 지정당시의 도시환경과 20여년이 흐른 지금의 사정과는 달라진 게 많아 불합리한 곳이 있을 수 있고 손질을 해야 할 필요성이 생길수도 있을 것이다.

더구나 지방자치가 본격화하면서 지역발전과 주민생활의 개선, 이와 함께 재정확충을 위한 개발필요성이 증대되는 것도 사실이다.

이상적으로 말한다면 지방자치단체에 지방의 토지 관리와 개발 등을 맡겨 지역특성에 맞게 적절한 대책을 세워나가도록 하는 게 좋을 것이다. 또한 잘못된 정책이라면 지체 말고 고치는 게 마땅하다.

그러나 현 상황에서 그린벨트에 손질을 하다보면 그나마 확보한 도시주변의 녹지공간을 잃어버리고 자연을 훼손시킬 가능성이 크다.

우리는 지금도 도시화의 후유증에 시달리고 있다. 대기오염, 하천수질의 저하, 쓰레기양산, 교통 혼잡 등 환경문제가 이만저만 심각한 게 아니다.

그린벨트는 오히려 강화할지언정 완화할 수는 없다. 손질을 시작하면 계속해서 민원이 걷잡을 수 없게 터져 정책기조를 지켜나가기 어려운 지경에 이를지 모른다.

아무리 필요성이 절실하다고 해도 그린벨트에 대한 손질은 신중에 신중을 기해야 할 줄로 믿는다.

대전일보 제14418호

비틀거리는 경제(經濟)

우려할만한 국면

요즘 우리경제가 심한 몸살을 앓고 있다. 심각한 위기국면에 접어들었다는 주장이 나올 정도로 걱정하는 목소리가 점점 커지고 있다.

우리 경제가 위기에 직면해 있는지 아닌지는 보는 관점에 따라 다를 수 있겠지만 우리의 경제여건이 예상보다 훨씬 어려운 상황임에는 틀림없는 것 같다.

요즘 어디를 가나 장사가 안 된다는 소리들이다. 경기가 하향곡선을 그리면서 경제성장률이 둔화될 전망이다. 지난해의 9% 수준에서 금년엔 7% 정도가 될 것으로 예상되고 있다.

우선 국제수지가 적신호를 보내고 있다. 당초 금년중 경상수지 적자가 65억 달러정도가 될 것으로 보았지만 현재의 전망으론 배로 늘어날 것이란 얘기다.

수출상승률은 떨어지는데 수입은 크게 늘고 있다. 여기에 해외여행, 기업의 해외진출이 활발해져 무역외 수지적자폭을 더욱 벌려놓고 있다.

물가에 대한 불안감도 씻을 수 없다. 정부는 당초 올해 소비자물가 상승률을 4.5%선에서 억제하기로 했으나 이 같은 목표를 지킬 수 있을지 불투명한 상황이다. 이미 일부 지역의 물가상승률은 연말 억제목표에 접근했거나 넘어선 것으로 나타났다.

더구나 석유류값, 담뱃갑, 버스요금 등의 무더기 인상은 이미 예고된 것이긴 하지만 물가 불안심리를 크게 자극했다. 여기에 장마철을 맞아 각종 채소류값이 크게 뛰어 서민가계를 압박하고 있다.

노사문제에도 걱정되는 구석이 없지 않다. 금년엔 과격한 분규는 없었지만 특히 임금교섭에서 어느 때보다 높은 상승을 요구하는 바람에 가뜩이나 경기하강으로 어려움을 겪는 기업들이 경영에 큰 부담을 안게 됐다.

금년 들어 우리경제가 수출부진, 국제수지적자, 물가고 등으로 몸살을 앓고 있는 가운데 고임금의 지속은 물가를 자극하고 국제경쟁력을 약화시키는 요인이 될 것이란 점에서 우려를 지울 수 없다.

결연한 의지 절실

우리경제가 총체적 위기를 맞았느냐 아니냐 하는 논란은 접어두고라도 이 같이 우리의 경제가 어려운 국면에 처해있다는 사실을 부인할 수 없고 이에 대한 적절한 대응책을 마련해야 한다는데는 이론의 여지가 없다.

정부는 하반기 경제운영계획을 통해 물가를 안정시키고 7%대의 성장을 유지하면서 경상수지개선에 노력한다는 원칙하에 몇가지 대응책을 제시했다.

우선 근본적으로 「고비용-저능률」의 경제체질을 개선하기 위해 임금 및 금리를 안정시키고 사회간접자본시설을 확충하겠다는 방침을 밝혔다. 사실상 이 같은 우리경제의 구조적 문제점을 풀어나가지 못한다면 우리의 경쟁력은 계속 약화할 수밖에 없다.

그러니 이미 노사분규를 통해 제조업체의 임금상승이 진행되고 있는데다 시중금리가 오름세로 돌아서고 있는 상황에서 정부의 의지가 어느 정도 실현될 수 있을지는 의문이다.

또한 공공요금과 개인서비스요금의 인상을 억제하고 농산물과 공산품의 가격인하를 유도해 나가겠다고 하지만 이 역시 이미 소비자물가상승률이 연말 억제목표에 근접해 있는데다 지방자치단체의 요금현실화요구가 거센 상황에서 가능할지 걱정이다.

정부의 방침이 실현가능성이 있는 구체적 해결책을 제시하는데 미흡했다는 평가와 함께 이대로 가다간 2~3년 후 우리경제가 어떻게 되겠느냐 하는 불안감을 떨치지 못하고 있는 상황이다.

한편 소비생활을 합리화하고 저축을 증대시키기 위해 국민들로 하여금 근검절약하는 분위기를 조장하겠다는 의지를 보이고 있으나 국민의 소비성향을 일조일석에 바꿔놓는다는 것도 쉬운 일이 아니다.

그러나 어떤 일이 있어도 우리경제를 그대로 주저앉게 할 수는 없다. 정부는 물론 국민 · 업계 모두가 결연한 의지로 난관을 헤쳐 나가는 자세를 보여야 할 때다.

낭비적 소비 행태

대기업들도 최근 경기침체, 수출부진, 주식시장 불황 등으로 경영환경이 악화되자 감량경영을 시도하고 있다는 소식이다. 임직원을 감축, 군살을 빼고 심지어 전화비를 줄이고 전등 끄기 운동을 벌이는 등 허리띠를 졸라매는 모습을 보이고 있다.

이와 함께 국민의 과도한 소비성향이 비판을 받고 있다. 1인당 소득이 이제 1만 달러 선인데 소비행태는 2만~3만 달러 수준의 선진국을 능가한다는 것이다. 소득이 좀 늘었다고 해서 소비행태가 홍청망청이다.

전반적 경기침체와 경쟁력 약화로 수출이 급격하게 감소하는 등 우리경제가 몸살을 앓고 있는데도 국민의 소비성향은 고삐가 풀려 있다.

금년 들어 5월까지 모두 5조 2천억 원어치의 소비재를 수입해 먹고 마시고 입는데 쓴 것으로 나타났다. 이 같은 액수는 작년 같은 기간에 비해 20여%나 늘어난 것으로 한가구당 무려 40만원씩의 소비재를 수입해온 꼴이 된다.

이중에도 특히 사치성 소비재인 고급승용차, 모피의류, 골프용품, 에어컨, 화장품, 위스키 등의 수입이 급격하게 늘었다.

또 같은 기간에 해외나들이에 쓴 돈이 2조3천7백억 원이나 된다. 5월말까지 1백75만여 명이 해외여행을 한 것으로 나타났지만 연말까지는 4백만 명에 이를 것으로 추산하고 있다. 국민 10명당 1명꼴로 해외여행을 하는 셈이다.

이 같은 일부 국민의 과소비 분위기가 경상수지적자폭을 벌려놓은 요인이 될 뿐 아니라 근검절약풍토를 저해하고 우리경제를 어렵게 만들고 있다. 또한 최근에 우리나라에서 신랑신부 한 쌍의 결혼비용이 3천2백만 원이나 든다는 조사결과가 나왔다. 선진 외국에 비해서도 엄청나게 많은 비용이다.

소비가 경제발전을 이끄는 미덕일수도 있다. 그러나 아직 우리는 저축하며 검소하게 살아야할 때다.

사회전반에 만연된 과소비분위기가 진정되지 않고서는 비틀거리는 경제를 바로 세울 수 없다.

대전일보 제14418호

남북관계 개선(改善)될까

유화분위기 조성

요즘 공식적인 채널이 완전히 차단된 채 대치국면이 지속돼오던 남북(南北)간에 새로운 분위기가 감돌고 있다. 남북 간 공식 · 비공식적 교류와 함께 남북관계 · 통일문제가 다각적으로 논란이 되고 있다.

김영삼(金泳三) 대통령의 광복절 경축사에서의 남북관계 및 통일 문제에 대한 천명을 비롯해서 한국적십자사 총재의 적십자회담 재개촉구, 북한의 나진 · 선봉지대 투자설명회에의 한국대표단 파견결정, 취중월경 한국소설가의 송환, 그리고 그 전에는 선원 · 군인 · 주민시신의 상호 송환 시도 등 어느 때보다 유화적이고 활발한 움직임을 보이고 있다.

비록 한편에선 북한의 범민족대회를 둘러싸고 신경전을 벌이고 있기도 하지만 최근의 이 같은 움직임들이 남북관계에 긍정적 전망을 가능케 하고 있다는 평가를 할만하다.

그리고 이 같은 분위기를 더욱 적극적으로 발전시켜 나간다면 남북관계가 새로운 국면으로 이어져 나갈 수도 있을 것이다.

그러나 최근에, 이전과는 달리 비록 남북 간에 새로운 기운이 감돌고 있다고는 하지만 이는 어디까지나 지엽적인 문제에 지나지 않으며 근본적으로는 여전히 교착상태에 빠져있음을 부인할 수 없다.

북한은 지난 4월 김(金)대통령이 4자회담을 제의한 이후 이제까지 뚜렷한 반응을 유보한 채 아무런 변화를 보이지 않고 있다. 오직 미국과의 평화협정체결 등에만 신경을 쓰고 있다.

이대로 간다면 남북 간의 정체상태가 언제까지 지속될지 예측할 수 없는 상황이다. 김(金)대통령이 지난 광복절 경축사에서 4자회담에 호응할 것을 거듭 촉구하고 나선 것도 이 때문일 것이다.

현시점에서 남북관계에 근본적이고도 획기적인 변화가 오려면 북한 측이 4자회담에 적극적인 반응을 보여야 한다.

근본변화 기대난(期待難)

김(金)대통령은 북한 측이 4자회담에 응한다면 북한은 정치적 안정과 군사적 신뢰 그리고 경제적 실리를 모두 도모할 수 있을 것이라고 했다.

이와 함께 남북경제협력방안 등 4자회담에서 논의할 문제들을 구체적으로 제시함으로써 4자회담을 통해 남북관계를 풀어나가겠다는 의지를 분명히 했다.

특히 북한의 식량난과 관련해서는 북한의 농업생산성 제고를 제시하고 장비대여 등을 통해 수해농지의 복구를 돕는 등 근원적인 해결에 기여할 뜻을 밝혔다.

또한 나진·선봉지역에의 투자, 남북교역의 확대를 통해 북한에 필요한 물자를 공급하고 한국관광객의 북한방문을 허용할 용의가 있음을 밝히기도 했다.

이와 함께 북한의 안정을 원하며, 북한의 고립을 원치 않고, 일방적인 통일을 추구하지 않는다는 대북정책의 기조를 분명히 함으로써 흡수통일론이나 북한봉쇄론 등에 대한 의혹을 불식시켰다.

이제 공은 북한 측에 넘어간 셈이지만 북한 측이 당장 4자회담에 응한다든가 교착상태에 있는 남북관계가 획기적으로 진전될 수 있으리란 기대를 하기는 아직 어렵다. 오직 끈기 있는 대화노력으로 북한 측 태도를 지켜볼 뿐이다.

그러나 북한 측의 근본적인 변화를 가까운 시일 내에 기대할 수 없다 하더라도 비록 지엽적이기는 하나 최근 전에 없던 북한 측의 유화적 태도변화는 주목할 만한 일이다.

우선 취중에 국경을 침범했다는 한국인 소설가를 비교적 짧은 시일 내에 전격적으로 송환한 것은 전에 없던 일이다. 이전 같으면 의거입북이라는 억지주장을 할만도 한데 동포애와 인도주의를 내세워 돌려보낸 것이다.

그 며칠 전에는 서해안 북측지역에서 발견된 한국인변시체를 판문점을 통해 넘겨준 것도 이전의 태도로 보아 이례적인 일이다.

국민마음 하나로

북한 측이 이처럼 최근에 유화적 태도를 보이는 데는 몇 가지 분석이 가능하다. 이제까지 견지해온 태도를 바꾼 데는 근본적인 입장의 변화가 있다기보다 그럴만한 현실적 필요가 있었을 것이란 얘기다.

우선 우리 기업인들이 참여하기로 되어있는 다음 달의 나진 · 선봉 투자설명회를 성공적으로 이끌기 위해 이 사건이 장애요인으로 작용하는 것을 원치 않았을 것이란 분석이 유력하다.

또 폭우피해로 외부의 자원이 절실한 때에 사소한 문제로 말썽의 소지를 만들 필요가 없었을 것이다. 비인도적이란 낙인이 찍히면 국제사회의 지원을 받기가 어렵기 때문이기도 할 것이다.

극심한 경제난과 식량난을 겪고 있는 북한으로선 유화적 분위기를 조성하는게 난국을 타개하는데 도움이 될 것이란 판단을 했을 법하다.

때문에 비록 북한 측이 최근 유화적 제스처를 보인다 해도 남북관계를 개선시킬 수 있는 근본적 태도변화로 보는 데는 무리가 있다.

북한 측은 이산 1세대들이 숨을 거두기 전에 이산가족문제 해결의 실마리를 찾자고 간절히 호소하며 적십자회담의 재개를 촉구한 한적총재의 제의를 받아들이지 않고 있다.

또한 평화와 협력의 정신을 실천에 옮기기 위한 4자회담의 거듭된 촉구에도 아직 아무런 반응을 보이지 않고 있다.

북한 측의 유화적 태도에도 불구하고 아직 근본적 입장에 변화가 있다는 징후는 어디서도 찾아볼 수 없다.

그럼에도 우리는 북한이 주도하는 행사에 들러리로 대표를 보내는 등 노력을 기울이고 있다. 한편 통일행사를 명분으로 불법집회와 폭력시위를 감행하는 일부 대학생들로 사회가 혼란을 겪고 있다.

반정부 친북노선의 학생운동이 과연 남북관계개선과 통일에 어떤 도움이 될 것인가? 국민의 마음이 하나가 되어야 한다.

대전일보 제14454호

스스로 바로 세우기

혼란스러운 세상

요즈음 세상이 왜 이렇게 혼란스러운지 모르겠다. 마치 각도가 어긋난 바퀴로 삐걱거리며 굴러가는 수레처럼 불안스럽고 순탄하지 못하다는 느낌이다.

정치건 경제건 사회분야건 어느 구석에나 국민의 마음을 잡아주고 후련하게 해주는 게 없다. 무엇엔가 짓눌려 살아가는 것처럼 답답하고 무거운 기분들이다.

최근 신문을 보면 어느 때보다 대형사건 · 사고가 많아 산란스럽기 짝이 없다. 전직 두 대통령에 대한 재판관련 소식도 그러려니와 지난번 대선 · 총선 비용을 둘러싼 시비도 그렇고 한총련사태, 중국인의 선상반란사건, 서울시교육감선거 비위사건, 여기에 주가가 폭락세를 보이는 등 경제불황 관련 기사를 포함 어느 것 하나 밝은 얘기들이 없다.

역사를 바로 세우는 일이라지만 전직 두 대통령과 주변 인물들에 대한 단죄는 국민의 마음을 무겁게 하고 있다. 이와 함께 정경유착의 고리를 끊어야 한다는데 이의가 있을 수 없지만 재벌총수들에 대한 제재가 가뜩이나 침체된 경제를 더욱 위축시키지나 않을까 걱정하는 이들이 많다.

한총련사태도 국민들에게 충격을 주면서 여파가 계속 이어져가고 있다. 폭력시위도 문제려니와 좌경화경향까지 보이니 우려하지 않을 수 없다. 더구나 외국의 좌경세력들에게 원조를 호소, 국제테러의 우려마저 있다니 한심한 일이다.

페스카마호 선상살인사건 역시 국민에게 놀라움을 안겨줬다. 사고선박을 인수하고 살인을 저지른 중국선원들을 체포했다지만 비명에 간 선원들과 가족들의 아픔이 오죽하겠는가?

서울시 교육감선출을 둘러싼 금품수수사건도 국민들에게 암울한 현실을 느끼게 하고 있다. 교육의 수장을 뽑는데 상상을 초월하는 거액의 검은 돈이 거래됐다니 말문이 막힐 지경이다. 이런 일이 이번에만 있는 것도 아니고 서울에만 있는 것도 아니라는데 국민의 마음은 더욱 무거운 것이다.

달라진 것이 없다

왜 이런 일들이 우리사회에서 계속 일어나고 있는 것일까? 인간사회라면 으레 이런 일들이 일어날 수 있는 것이라고 치부해 버리면 마음이 가벼울 수도 있다. 그러나 그렇게 지나쳐 버리기엔 요즘 우리사회가 지나치게 어지럽고 불안하고 답답하다.

국민들이 안정된 환경에서 편안한 마음으로 생업에 종사하면서 성취감을 맛볼 수 있는 사회를 이룩하는 것은 1차적으로 정부나 정치가들이 힐 일이다.

정부는 한총련 폭력시위를 계기로 친북 · 폭력세력의 근절과 함께 국가법질서를 확립하겠다는 의지를 보이고 있다.

우리사회에 아직도 우리의 체제를 거부하는 좌익혁명세력이 있다는 것, 학원가에 폭력시위가 사라지지 않고 있다는 것은 보통사람으로서 이해하기 어려운 일이고 보면 정부의 강력한 대응이 촉구되지 않을 수 없다.

이와 함께 요즘 심각한 사회문제가 되고 있는 조직폭력, 학원폭력, 성폭력 등 이른바 3대 폭력의 근절에 주력하면서 빈발하는 공권력에의 도전범죄를 엄단키로 했다고 한다. 최근 대거 풀려난 폭력배들이 세력을 재규합할 움직임마저 보이고 있다는 소식이고 보면 특단의 조치가 필요하다는데 공감이 간다.

불건전한 과소비행태가 만연하고 있는 현실을 직시, 이를 강력히 규제하기로 방침을 세웠다고 한다. 사실상 요즘 경제가 말이 아니다. 어디를 가나 장사가 안 된다는 소리고 경제 불황을 피부로 느낄 수 있다.

최근 수출부진으로 국제수지 적자폭이 늘어나는 등 경제여건이 계속 악화하고 있는데도 사치성 소비재 수입이 늘어나고 소비행태가 불건전한 방향으로 흐르는 등 경제 불안이 가중되고 있음을 부인할 수 없다.

경제를 일으켜야

이러한 정부의 의지나 방침은 이번에 처음 나온 얘기들이 아니다. 언제나 기회만 있으면 하는 똑같은 소리들이다. 이런 정부의 의지나 방침이 거듭되면서도 사회 환경은 개선될 줄 모르고 악순환을 거듭하고 있는 것이다.

문민정부가 출범하면서 부정과 부패가 없는 사회, 정의가 강물처럼 흐르는 사회를 건설하겠다는 의지로 강력한 사정과 함께 개혁 작업을 벌여왔다. 그러나 그때나 지금이나 달라진 게 무엇인지 의문이 아닐 수 없다.

부정과 비리의 원천인 검은 돈을 없애고 돈 안드는 깨끗한 선거풍토를 조성하겠다고 다짐했지만 과연 그대로 되었는지 의문이다.

우선 민주주의의 기본인 선거문화도 제대로 정착을 못하고 있다. 선거만 치렀다하면 무슨 선거가 됐건 금품수수 후보매수·흑색선전 등 부정과 비리시비가 끊이지 않는다.

이번 서울시 교육감선거를 둘러싼 비리만 봐도 우리의 선거풍토가 어떤지 짐작할 만하다. 한나라 수도의 교육책임자를 뽑는데 거액의 검은돈이 거래됐다는 사실은 개탄스럽다.

지난번 15대 총선도 마찬가지다. 선거 비용실사에서 대부분의 후보자가 법정비용을 초과지출 했거나 누락시켜 정도의 차이는 있을망정 거의 불법을 저지른 것으로 나타났다.

이중 고발 또는 수사의뢰 대상 현역의원이 20명 선이라고 하지만 과연 법적 제재를 받아야 할 사람이 그 정도밖에 안되고 또한 그나마 제대로 엄격하게 처리될지 의문이다.

이런 상황에서 선거문화가 바로 잡히고 사회기강이 바로 서기를 기대하기는 어려울 것이다.

정치인이나 사회 지도층인사들이 불신을 받는 마당이면 어찌 사회가 바로잡힐 수 있겠는가?

세상이 어지럽고 불안한 것은 결국 정부나 정치인의 책임이고 국민이 편안하게 살아갈 수 있게 하는 것도 그들이 해야 할 일이다.

정치인들이나 사회 지도급인사들은 우선 스스로를 바로 세우고 민생에 신경을 써 침체된 경제를 바로 잡는데 주력해야 한다. 그래야만 국민의 마음을 잡을 수 있다.

대전일보 제14466호

한심한 선거판

교육감선거 비리

우리에게 「공명한 선거」「깨끗한 사회」는 도저히 이룰 수 없는 이상에 지나지 않는다는 말인가? 최근 드러나고 있는 일부 교육감 선출과 국회의원선거 과정에서의 부정과 비리를 지켜보노라면 참으로 안타깝고 답답한 심정을 누르기 힘들다.

흔히들 선거를 민주주의의 꽃이라고 한다. 그러나 원천적으로 공명한 선거풍토가 뿌리를 내리지 못하면 민주주의의 꽃을 피우기 어렵다.

우리는 그동안 숱한 선거를 치러오면서 깨끗한 선거, 돈 안드는 선거문화를 정착시키기 위해 갖은 노력을 기울여 왔다. 그러나 아직도 선거만 치렀다 하면 무슨 선거가 됐든 부정과 타락의 꼬리를 떼어버릴 수 없으니 참으로 한심한 노릇이다.

특히 이번 일부 교육감선거를 둘러싼 비리사건은 교육계 뿐 아니라 온국민에게 커다란 충격을 안겨주고 있다. 다른 선거도 아닌 지역교육의 총수를 뽑는 선거에서 거액의 검은 돈이 왔다 갔다 했다니 우리나라 교육의 미래가 걱정스럽지 않을 수 없다.

교육감선거를 둘러싼 비리가 계속 확산되어가고 있다. 서울과 전북에 이어 충남에까지 번져왔다. 충남교육감선거에서도 금품이 오간 의혹이 있다는 것이다. 이러다간 또 어느 지역에서 어떻게 터질지 조마조마한 마음들이다.

이 바람에 현직 교육감과 수명의 교육위원 그리고 전교육감후보가 구속되고 수많은 관련자들이 검찰에 불려가 조사를 받는 등 수모를 겪고 있다.

뿐만 아니다. 교육감선거 비리는 정치권으로까지 비화됐다. 교육감 선거과정에서 특정후보에 대한 지지를 부탁해주는 대가로 거액의 뇌물을 받은 제1야당의 부총재가 구속됐다.

권한 막대한 자리

이번 교육감선거 비리사건의 수사결과를 보면 선거과정에서 오고간 검은 돈의 액수가 수억 원씩 된다. 보통사람들로선 상상조차 할 수 없는 거액이다.

교육감이 어떤 자리이기에 이처럼 거액의 뇌물을 뿌려가며 그 자리를 차지하려 애쓰는 것일까? 거기에는 그럴만한 이유가 있을 것이다.

우선 시·도에 한자리씩 있는 교육감은 그 지역 교육계의 총수로서 그 지역전체 교직원을 대표하는 명예를 갖게 된다. 일생을 교육계에 몸담아온 사람이라면 누구나 한번쯤 앉아보고 싶은 자리임에 틀림없다. 그러나 그런 명예만을 얻기 위해서는 아닐 것이다.

거액의 돈을 써가며 교육감자리를 노리는 사람들은 이보다 다른데 이유가 있는지 모른다. 교육감에게는 규모에 따라 수만 명에서 수천 명에 이르는 교직원인사권과 수조 원에서수천억 원의 예산을 집행하는 막강한 권한이 주어진다.

교육감은 이 같은 재정권과 인사권을 행사하는 과정에서 재량권과 영향력을 발휘할 수 있고 마음먹기에 따라선 이권을 챙길수도 있다.

수억 원의 선거자금을 뿌리고라도 당선만 된다면, 그리고 선거 때 들인 돈을 뽑아내려고 마음만 먹는다면 어렵지 않게 챙길 수도 있을 것이다. 때문에 교육감 선거판에 거액의 검은 돈이 거래될 수 있다고 봐야한다.

그러나 가장 높은 도덕성과 청렴성이 요구되는 교육계가 타락선거에 오염되고 이권을 챙긴다거나 정치지향적 성향을 보인다면 우리나라 교육의 장래가 어찌되겠는가? 한심한 일이다.

그 지역의 교육을 책임지고 이끌어나갈 교육감 · 교육위원들이 도덕성을 잃고 신뢰를 받지 못한다면 교육이 제대로 이뤄질 수 없음은 분명하다.

제도 탓만 할 건가

교육감 선거에 비리가 쉽게 파고들 수 있게 된데는 제도상의 문제가 크다는 소리가 높게 일고 있다. 선거제도가 타락을 부추기는 요인을 안고 있다는 얘기들이다.

우선 소수의 교육위원들이 후보등록 없이 무기명투표를 거쳐 교육감을 선출하는 현행제도 하에서는 대상자의 도덕성이나 자질을 객관적이고 공개적으로 검증할 기화가 없다는 것이다. 후보등록이 없기 때문에 지역민의 폭넓은 비판과 여론을 수렴할 수 있는 과정이 원천적으로 봉쇄된 셈이다.

이와 함께 소수의 교육위원들에 의해 선출되게 돼있어 금품수수의 유혹을 받을 수 있다는 것이다. 교육위원수가 적은 지역에선 3~4명만 매수하면 당선이 보장될 수 있기 때문이다.

특히 교육위원들이 지방의회를 통해서 선출되고 지방의회의원들은 정당의 추천에 의해서 선출되기 때문에 교육감선거가 정계의 영향력을 벗어나기 어렵다는 데는 더욱 큰 문제가 있다.

교육계가 정계와 유착, 정치권의 영향을 받으며 정치지향적 성향을 띠게 된다면 이는 바람직한 현상이라고 할 수 없다.

교육감선거가 이처럼 제도상의 문제가 있는 것은 사실이다. 후보등록, 선거인의 확대, 정치권과의 연계배제 등 우선 제도상의 불합리한 문제점을 바로잡을 필요가 있다.

그러나 교육감선거의 비리를 제도 탓만으로 돌릴 수는 없다. 제도에도 문제가 있겠지만 이보다도 국민의식에 좀 더 문제가 있다.

제도를 아무리 뜯어고친다고 해도 국민의식의 개혁 없이는 공명한 교육감선거를 기대하기 어렵다.

국회의원선거는 물론 초등학교 반장선거에서까지 금품을 뿌리는 상황에선 제도 탓만 할 일이 아니다. 어떤 선거에서건 부정과 타락을 절대로 용납하지 않는 국민의식이 확고히 뿌리내려야 우리의 선거문화는 꽃을 피우게 될 것이다.

대전일보 제14478호

부정 · 부패의 뿌리

전(前)국방장관의 비리

최근 한동안 신문지상엔 전직 국방부장관의 군기밀 누출, 진급로비 및 군납을 둘러싼 뇌물수수의혹사건으로 온통 먹칠이 되어있다. 그만큼 사안이 중요하고 국민의 관심이 집중돼 있기 때문일 것이다.

전직 국방장관과 그의 부인 , 무기중개상, 전직 대통령의 딸, 재벌기업의 간부들이 얽히고 설킨 이 사건은 마치 첩보영화의 장면들을 연상케 하고 있다.

수사의 초점은 전국방장관이 경전투헬기사업과 관련 방산업체로부터 뇌물을 받았는지, 공군참모총장진급청탁을 위해 대통령 딸에게 다이아몬드 목걸이와 반지를 주었는지, 전투기 결함 자동점검장치와 관련된 메모의 유출이 군기누설이 되는지에 집중되고 있는 모양이다.

아직은 수사가 진행 중이기 때문에 명확한 진상이 밝혀지지 않은 상태이긴 하지만 전국방장관의 혐의가 드러나 사법처리가 될 것으로 보도되고 있다.

애초부터 이 사건은 진상규명을 떠나 한나라의 국방장관이 무기중개상과 관련, 불미스러운 의혹에 휩싸이게 됐다는 사실만으로 국민에게 큰 실망을 안겨줬었다.

그런데 이 같은 의혹들이 모두 사실로 드러난다면 국민들은 더욱 큰 충격을 받게 될 것이다. 더구나 잠수함으로 침투한 무장공비 소탕작전이 벌어지고 있는 때여서 더욱 심각한 파장을 일으키고 있다.

안보 책임지는 자리

군의 무기구입과 인사를 둘러싼 비리는 그동안에도 끊임없이 문제가 되어왔었다. 어떤 분야보다도 부정의 소지가 많았던 게 사실이다.

군인사 때만 되면 권력주변의 외압이 작용했었고 진급청탁을 위한 돈보따리들이 오고 갔었다. 때문에 문민정부가 들어서자 군인사비리 근절을 위해 사정차원에서 강력한 개혁 작업을 단행했었다.

군의 무기구매와 관련된 비리도 마찬가지다. 국제무대에서도 무기거래를 둘러싼 뇌물수수사례는 흔히 보아오는 일이다. 불법적으로 주고 받는 검은 돈이 일반화돼 있다고 할만하다. 방산업체가 국책사업을 추진하는데도 국방부 고위관계자와 교섭이 있어야 하고 커미션이 있어야 했다.

그러나 문민정부의 일개 개혁작업 이후에도 이 같은 군의 고질적이고도 구조적인 비리에 휘말리게 됐다니 안다까운 노릇이 아닐 수 없다.

합참의장이나 국방장관이 어떤 자리인가? 국방장관이라면 한나라의 안보를 책임지는 자리다. 더구나 우리와 같이 남북이 무력으로 대치하고 있는 상황에선 더욱 막중한 자리가 아닐 수 없다.

막대한 예산을 다루며 국방력을 증강해야 할 국방장관이 무기중개상에 놀아나고 군납과 관련 뇌물을 주고받는다면 나라꼴이 어찌

되겠는가?

문민정부의 도덕성

문민정부에서 군개혁의 상징으로 발탁된 국방장관이 뇌물수수 · 군기누출 · 진급로비 등의 의혹을 받는 것만으로도 이미 문민정부의 도덕성이 큰 상처를 입었다고 할만하다.

다른 의혹은 제쳐놓더라도 전투기 점검장치 메모유출만 따져봐도 그렇다. 군기누설이냐 아니냐가 문제가 아니다. 일국의 최고 국방책임자가 일개 무기중개상의 사업을 돕기 위해 이용을 당했다면 국민들이 납득할 수 있겠는가?

이번에도 정부는 지위고하를 막론하고 엄정한 수사로 한 점의 의혹도 없이 밝히겠다는 다짐을 하고 있지만 어쩐지 공허하게만 들린다.

문민정부가 들어서자마자 깨끗한 사회, 정의가 강물처럼 흐르는 사회를 만들겠다고 강력한 개혁 작업을 벌여왔지만 달라진 게 무엇인가?

새정부가 들어선 이후에도 계속 드러나는 고위공직자들의 비리, 국회의원 · 교육감 등 각종 선거에 따라다니는 부정사례는 우리 사회의 뿌리 깊은 부패상을 그대로 보여주고 있다. 장학로 사건이 그렇고 공정거래위원회의 수뢰사건이 그렇다. 부정부패의 뿌리가 얼마나 깊기에 이렇게도 끈질긴지 안타까운 노릇이다.

이번 사건이 군의 고질적 비리를 척결하고 정부의 도덕성을 높이는 계기가 되어야 할 것이다.

대전일보 제14512호

부정부패와 선진국

유엔도 추방운동

최근의 보도에 의하면 드디어 유엔이 세계 공직자들의 부정부패를 뿌리 뽑기 위해 팔을 걷고 나설 모양이다.

유엔총회가 곧 선진국을 제외한 세계 각국 공직사회에 만연하는 부정부패를 일소하고 봉사하는 공직자상을 확립하기 위해 「공직자를 위한 행동강령」을 재정, 채택할 예정이라고 한다.

유엔이 일류의 복지증진과 생활의 질 향상을 위해 공직자들의 역할과 책임을 강조하면서 봉사정신을 북돋는 이색적인 운동을 벌일 모양이다.

인간의 속성상 어느 사회건 부정부패사례가 없을 수 없다고 보면 선진국이라고 해서 정도의 문제지 부정부패가 없을 수 없을 것이다.

그러나 이를 뒤집어 말하면 부정부패가 만연하는 나라는 선진국이 될 수 없다는 얘기와 같다.

우리나라가 경제협력개발기구(OECD)에까지 가입하는 마당이고 보면 선진국으로 분류될 법도 하다. 그러나 공직자들이 부정부패도를 따지는 자리에선 아무래도 후진국의 범주를 벗어나기 어려우리란 판단이다.

최근 사정바람과 함께 여기저기서 불거져 나오는 부정부패사례만 봐도 우리가 선진국이라고 나서기엔 부끄러운 구석이 있음을 솔직하게 시인하지 않을 수 없다.

썩지 않은 곳 없어

우리는 지금 대대적으로 공직자 부정부패 척결작업을 벌이고 있다. 전국방장관의 뇌물수수사건과 서울 시내버스업계비리사건에 이어 곳곳에서 부정부패사례가 터져나오고 있다.

엊그제만 해도 마포구청을 비롯해서 서울시내 25개 구청의 세무담당 공무원들이 취득세 등 지방세감면 등을 미끼로 공공연하게 거액의 뇌물을 챙겨온 혐의를 잡고 수사에 나섰다는 보도가 있었다.

그전엔 과학교육기자재를 도입하는 과정에서 뇌물을 주고받은 초등학교교장과 조달청공무원, 업자 등이 검찰에 적발되기도 했다. 그러나 지금까지 밝혀진 비리사건은 빙산의 일각이라고 할 수 있다. 현재 각종 비리혐의가 포착된 공직자 1백여 명에 대한 수사가 진행 중에 있으며 앞으로도 사정활동이 계속될 것이라니 어느 분야에서 어떤 유형의 비리가 얼마나 많이 터져 나올지 불안하기조차 하다.

사정의 칼날이 닿는 곳마다 썩지 않은 곳이 없을 정도니 우리사회에 얼마나 심각한 구조적 비리가 만연하고 있는지 짐작할만한 일이다.

선진국이 될 수 있는 조건은 풍요로운 경제만이 아니다. 부정부패를 척결하지 못하면 선지국 진입은 요원한 얘기다. 뿐만 아니라 나라를 망칠 수도 있다.

모두 함께 나서야

이번에 벌이고 있는 공직자 부정부패척결작업은 세무비리, 각종 인허가비리, 금융관련비리, 공사관련비리 등 서민생활과 밀접한 관련이 있는 민생분야에 중점을 둔다고 한다.

특히 지방자치제가 실시된 이후 공직자들의 국가관과 복무태도가 이전에 비해 해이해졌다는 판단에서 지방자치단체장과 지방의회의원과 관련된 토착비리척결에 집중되리라고도 한다.

이번 기회에 어떻게든 고질적이고 구조적인 부정부패의 고리를 완전히 끊겠다는 의지를 보이고 있지만 뜻대로 성과를 거둘지는 의문이다.

역대 정권도 마찬가지였지만 특히 이번 문민정부가 들어서고 나서는 공직자 사정을 시발로 수없이 공직사회 정화운동을 벌여왔다. 금융실명제, 사법개혁 등 일련의 제도적 개혁도 함께 추진됐다.

그러나 부정부패가 척결되기는커녕 오히려 더하다는 얘기들이다. 최근에 터져 나오는 비리사건만 봐도 우리사회가 총체적 부패분위기임을 부인할 수 없다. 어느 때보다 강력한 사정작업과 제도개혁을 했는데도 왜 부정부패가 뿌리 뽑히지 않는 것인가? 이는 한마디로 국민의 공감대를 이뤄내지 못했기 때문이다.

국민각자가 남의 일로만 생각, 구경꾼의 자리에 있었기 때문이다. 공직자든 서민이든 위든 아래든 가릴게 없다. 국민 모두가 우선 자신을 개혁하면서 적극 동참해야만 우리사회는 깨끗해질 수 있다. 부정부패를 몰아내지 않고는 절대로 선진국 국민이 될 수 없다.

대전일보 제14524호

5월은 다 가지만…

가정의 달이 다시 저물어간다. 5월은 푸르름이 상큼한 신록의 계절이다. 싱싱한 생명력을 마음껏 펼쳐보고 싶은 그런 계절인 것이다. 그런데 5월을 보내는 마음이 어딘가 아쉽고 가볍지 않음은 무엇 때문일까.

5월엔 어린이날, 어버이날, 스승의 날, 부부의 날 등 주위를 돌아보고 가장 가까이 있는 사람들을 다시 한번 생각하게 하는 날들이 몰려 있다. 그래서 5월을 가정의 달이라고 하는 모양이다.

해마다 겪는 일이지만 기념일마다 풍성한 행사가 펼쳐진다. 기념식은 물론 착한 어린이, 효자 · 효부, 모범가정 그리고 각 분야의 유공자들을 표창하며 기념일을 갖는 의미를 되새긴다. 꽃바구니가 오가며 어린이잔치, 노인잔치, 사은회 등 범국민적으로 각종 축하행사가 벌어진다. 그러나 마냥 축제분위기를 즐길 수만 없다는데 안타까움이 있다. 지금 우리의 가정이 빠른 속도로 해체되고 있다는 우려의 목소리가 높다. 어린 자녀를 제대로 돌보지 않고 버려두며, 부모 모시기를 꺼리고, 학대하는가 하면 부부갈등으로 인한 배우자의 가출, 이혼율의 급증, 비행청소년의 가출 등이 꼬리를 물고 일어나 우리 사회가 총체적인 위기를 맞았다고 걱정들을 한다.

가정의 달 벽두에 어느 젊은 부부가 어린 세 자녀를 쓰레기투성이인 단칸방에 방치한 사건이 밝혀져 충격을 주었는가 하면, 젊었을 때 놀고 싶다며 생후 15개월 된 아들을 버린 엄마도 있었다. 며칠 전엔 부모에게 꾸중을 들은 어린이가 옥상에서 몸을 던지기도 했고, 티켓다방 취직을 위해 초등학생을 유괴한 가출 소녀도 있었다. 가정파괴형 범죄, 어린이를 상대로 한 범죄, 청소년범죄가 증가하는 추세다.

고령화사회로 접어들면서 자식들에게 버림받은 노인들이 혼자 외롭고 어렵게 살다 숨져 뒤늦게 발견되는 등 노인문제가 새로운 가정문제로 대두되고 있다. 바로 며칠 전에도 80대 노인이 신병을 비관 선조의 묘소 앞에서 목숨을 끊은 사건이 있었다. 결혼한 4쌍 중 1쌍이 헤어진다는 말이 나올 정도로 이혼율이 급증하고, 부부갈등으로 인한 한쪽의 가출 등 결손가정이 늘어나고 있다.

최근 부부의 날이 새로운 기념일로 제정됐다. 생일이나 결혼기념일 등 부부간의 정을 돈독히 할 수 있는 기회가 얼마든지 있는데 그런 날이 새로 필요하냐는 얘기도 있었다.

그러나 역설적으로 말하자면 부부의 날을 정해야 할 만큼 위기의 부부가 많다는 반증이라고 할 만하다. 가정은 기본적으로 남·녀의 결합에서부터 시작된다. 가정의 기본인 부부관계가 무너지면 가정도 붕괴될 수밖에 없다.

서로가 사랑해서 결혼을 했겠지만, 모든 부부가 이상적인 만남일 수는 없다. 어느 여론조사기관에서 기혼남·녀를 대상으로 배우자에 대한 만족도를 조사한 결과를 보면 100점 만점에 평균 73점으로 나타났다.

가정은 구성원인 가족 개개인에게 각박한 세상에서 위안을 받을 수 있는 마지막 안식처이다.

가정이 안정돼야 사회도 건전해짐은 두말할 필요가 없다. 우리가 어린이날, 어버이날, 부부의 날 등을 정하고 각종 행사를 펼치며 가정의 소중함을 다지는 것도 이 같은 이유에서다. 그러나 이러한 행사가 일과성 이벤트로 끝나선 별 의미가 없다. 모든 것을 다 얻는다 해도 가정을 잃으면 무슨 소용이 있겠는가. 가정의 달은 저물었지만 가정의 소중함을 되새기는 마음만은 1년 12달 내내 한결같이 지속되어야 할 것이다.

충청일보 2004년 5월 31일

여가의 긍정적 활용

7월부터 근로자 1000명 이상의 대기업과 모든 공공기관이 의무적으로 주5일 근무제를 실시하게 된다. 근무시간이 1주일에 44시간에서 40시간으로 4시간 줄어든 것이다. 그리고 공무원들도 격주 5일 근무제가 실시된다.

주5일 근무제는 삶의 질을 향상시킬 수 있는 동시에 일자리를 창출하고, 노동생산성을 높일 수 있는 긍정적 측면이 있는가 하면, 기업경영에 악영향을 미칠 수 있는 부정적 측면도 있다.

주5일 근무제 시행이 취지대로 국민들 삶의 질을 높여줄지 아니면 IMF 때 뼈저리게 느꼈듯이 '샴페인을 너무 일찍 터뜨렸다'는 후회를 안겨 줄지는 두고 봐야 할 일이다.

주5일 근무제의 시행은 단순히 근로자들의 근로시간이 몇 시간 줄어든다는 의미보다 산업전반에 미치는 영향이 엄청날 것으로 전망된다. 또한 직장인들이 제2의 인생을 맞이하게 됐다고 할 정도로 삶의 패턴이 바뀌는 것은 물론, 국민 모두 삶의 모습이 크게 달라질 것으로 예상된다.

이제까지는 오직 직장에 얽매여 일벌레로 살아온 직장인들이 삶의 질을 높이는 계기가 됐다. 어쩌다 주말에 시간의 여유가 생겨도 TV를 보거나 잠을 자는게 고작이었으나 이제는 그러기엔 시간의 여유가 너무 많아졌다.

주5일제 시행으로 늘어난 시간의 여유를 어떻게 활용해야 할 것

이냐 하는데 대한 고민을 하는 근로자들이 많아졌다. 우선 가족과 함께하는 시간이 늘어나 가정에 좀 더 충실할 수 있게 됐고, 취미나 레저활동도 다양하게 즐길 수 있게 됐다.

벌써부터 기업들은 직원들의 능력을 향상시키고, 근무의 효율성을 높이기 위해 다양한 연수프로그램을 운영할 계획을 진행 중에 있다. 또한 직장 안팎에서 동호인 모임이나 취미클럽을 만들어 각종 스포츠와 취미활동을 계획하는 직장인들도 있다. 개중엔 자기계발을 위해 영어나 중국어 등 외국어 전문학원을 찾는 직장인들도 적지 않은 것으로 알려졌다.

주5일 근무제 시행으로 특히 여행, 레저, 외식 · 쇼핑업계가 호황을 맞을 것으로 보인다. 이에 따라 이 분야의 일자리가 크게 늘 것으로 기대된다. 이제껏 볼거리 위주의 당일 여행에서 가족과 함께 한 곳에 머무는 체류형 여행이 많아질 것이다. 또 자원봉사, 시민활동 등 남을 위한 사회참여도 늘어날 것으로 보인다.

그러나 주말마다 여행을 다니고, 동호인 모임을 갖기는 경제적으로 부담이 된다. 도시지역에는 운동시설을 갖춘 공원 등 녹색공간을 조성, 가까운 곳에서 여가를 활용할 수 있도록 지원방안이 마련돼야 한다. 텃밭 가꾸기나 주말농장을 활성화 하는 것도 하나의 방법이 될 수 있을 것이다.

주5일 근무제가 삶의 질을 높여준다지만 삶의 여유를 골고루 향유할 수 없다는 데 문제가 있다. 일용직, 임시직 등 비정규직 종사자나 저소득층, 또는 일자리가 없는 사람들에겐 긴 주말이 고통스러운 시간이 될 수 있다. 이런 현상은 국민계층간 위화감을 조성할 우려마저 있다.

삶의 질을 높이고, 일자리를 창출하면서 생산성을 신장하기 위한 주5일 근무제의 시행은 바람직한 일임에 틀림없다. 그러나 건전하고 긍정적인 여가활용 여건 조성은 물론 인력보충과 이에 따른 재원마련 등 철저한 사전준비가 미흡한 게 사실이다. 지금 한창 열을 올리고 있는 노동계의 투쟁에서 주5일 근무제 도입에 따른 세부 시행방안의 마무리도 크게 걱정되는 구석이 아닐 수 없다. 하지만 이제 주5일 근무제를 부작용 없이 제대로 정착 시켜야만 한다. 미비점을 보완하면서 긍정적으로 여가를 활용하려는 근로자들의 자세가 중요하지 않을 수 없다.

충청일보

고속열차가 달린다 그러나…

오늘 드디어 고속철도가 역사적인 개통을 했다. 개국이래 최대 역사라는 고속철도사업이 열매를 맺게 되기까지 20조원에 가까운 막대한 재정이 투입됐고, 10수년이란 장구한 세월이 필요했다.

고속철도가 개통됨으로써 국민의 일상생활엔 물론, 경제, 사회, 문화 등 전 분야에 걸쳐 혁명적 변화를 가져올 것으로 보인다. 서울을 기점으로 천안이 30분, 대전이 58분, 가장 먼 부산이 2시간 40분, 목포가 2시간 58분으로 전국 어디나 두시간대에 오갈 수 있게 됐다. 경부고속도로가 개통됐을 때 전국이 일일 생활권에 들게 됐다고 흥분하기도 했지만, 이제는 반나절 생활권이 됐다고 해도 과언이 아니다.

지역 간 연결시간이 대폭 단축됨으로써 서울에서 1시간 이내의 거리에 있는 천안, 아산, 오송, 대전 등 충청권이 서울과의 출·퇴근 및 통학이 가능한 지역으로 각광을 받게 됐다. 서울의 전셋값이면 충청권에 내 집을 마련할 수 있어 이곳으로 옮기는 직장인이 크게 늘 것으로 보인다. 또 고속도로의 자가용 이용객과 고속버스, 시외버스 승객이 상당수 고속철도로 옮겨와 철도의 승객운송비율이 증대되면서 교통 혼잡을 완화하고 대기오염을 줄이는 사회·경제적 이득을 보게 될 것이다. 한편 기존철도 여객이 고속철도에 흡수되면 기존철도가 화물운송중심으로 운영돼 물류비용이 절감될 것으로 기대된다.

그러나 이에 따른 문제점도 적지 않다. 우선 고속철도가 기존의 교통수단에 비해 요금이 너무 비싸다는 지적을 받고 있다. 각종 할인제도가 있고, 앞으로도 상황을 보아가며 요금을 재조정하겠다지만 현재로선 특히 통근자나 통학생에겐 큰 부담이 안 될 수 없다. 천안·아산지역 대학총장들이 통학용 정기승차권 요금을 인하해 달라는 건의를 한 것만 봐도 알 수 있다. 또 고속철도를 운행하면서 기존의 새마을호, 무궁화호 등의 운행편수를 대폭 줄인 것도 문제다 고속열차가 서지 않는 역을 이용하거나 낮은 요금으로 열차를 이용하고 싶은 서민들이 불편을 겪게 됐다. 고속철도 개통과 함께 고속버스, 시외버스, 국내선 항공업이 치명타를 입을 것으로 예상돼 함께 발전해갈 대책도 필요할 것이다.

고속철도의 개통은 관광·레저패턴에도 큰 변화를 가져올 것으로 예상된다. 수도권 관광지보다 부산, 경주, 광주 등지가 시간적으로 더 가깝고, 편리할 수 있어 지방으로 관광객이 몰려들 가능성이 있다. 그러나 편리한 교통으로 당일 관광객이 늘어 지방의 호텔 등 숙박업계가 침체될 공산이 크다.

고속철도가 개통되면 역을 중심으로 접근이 쉬워진 도시는 인구가 유입되고 성장이 촉진돼 지역총생산이 증대될 것이다. 지방 역세권의 개발로 국토의 균형발전을 기대할 수 있다. 반면 고속철도가 지나지 않거나 역세권과 멀리 떨어져 있는 군 단위 이하 농촌지역은 상대적으로 낙후될 수밖에 없어 지역 간 격차를 더욱 벌려놓는 결과를 가져올 수 있다. 또한 인구증가 등 발전적 호기를 맞았다 하더라도 이에 효과적인 대처를 못한다면 교통 혼잡, 환경악화, 주거난 등 골치 아픈 도시문제만 안게 될 우려도 배제할 수 없다. 더구나 역세권 등의 땅값, 집값이 오르고, 부동산투기 붐이라도 일면 지역민의 재산가치가 상승될지 모르지만 극히 일부 부유층에게만 이득이 될 뿐 집 없는 서민들은 더욱 살기 힘든 세상이 될 수밖에 없다.

고속철도개통과 함께 야기되는 문제점들을 빠른 시일 내에 해결해 지역 간 균형발전을 가져다주고 삶의 질을 높여준다면 고속철도는 명실상부한 한반도의 동맥으로 제구실을 할 수 있을 것이다.

충청일보

살맛나는 세상

조홍상 수필집

발 행 일	2018년 1월 20일
지 은 이	조홍상
발 행 인	李憲錫
발 행 처	오늘의문학사
출판등록	제55호(1993년 6월 23일)
주 소	대전광역시 동구 대전로867번길 52(한밭오피스텔 401호)
전화번호	(042)624-2980
팩시밀리	(042)628-2983
전자우편	hs2980@hanmail.net
카 페	cafe.daum.net/gljang(문학사랑 글짱들)
	cafe.daum.net/art-i-ma(아트매거진)

공 급 처	한국출판협동조합
주문전화	(070)7119-1752
팩시밀리	(031)944-8234~6

ISBN 978-89-5669-888-5
값 15,000원

* 이 책은 대전광역시 와 대전문화재단 에서 사업비 일부를 지원하였습니다.